AF240872

Qui a tué Napoléon ?
10 nouvelles enquêtes scientifiques au secours de l'Histoire

Pr Gérard Lucotte, École d'Anthropologie de Paris
& Dr Philippe Bornet

QUI A TUÉ NAPOLÉON ?
10 nouvelles enquêtes scientifiques
au secours de l'Histoire

Préface du Pr Jean Tulard

Max Milo

© Max Milo, Paris, 2024

www.maxmilo.com

ISBN : 978-2-31502-166-6

À nos mères
G.L. et Ph.B.

L'avenir d'un enfant est l'œuvre de sa mère
Napoléon

*Les auteurs remercient le Pr Jean-Noël Fabiani,
Professeur émérite d'Histoire de la Médecine,
d'avoir relu le chapitre 13.*

SOMMAIRE

Préface

L'historien s'appuie sur le document (une charte, un traité, un reçu) ou sur un témoignage (lettres ou Mémoires). Il n'écrit rien qu'il ne puisse prouver, mettant chaque fois ses références en bas de page, ces fameuses notes qui forment le socle de l'érudition.

Mais il se trouve parfois démuni face à l'absence de preuves. C'est alors qu'il doit recourir à la Science.

Napoléon offre un certain nombre d'énigmes. Était-il le fils de Charles Bonaparte ou du comte de Marbeuf ? A-t-il été empoisonné à l'arsenic ? Sinon, quelle fut la maladie qui l'a emporté ? Enfin, repose-t-il aux Invalides ou est-ce le corps de son maître d'hôtel Cipriani ?

Les études sont nombreuses, apportant des réponses contradictoires faute de documents probants.

Le professeur Gérard Lucotte, qui dirige l'Institut d'Anthropologie et de Génétique Moléculaire, spécialiste du chromosome Y, assisté du Dr Philippe Bornet, excellent historien de Napoléon[1], s'est penché, à partir de cheveux, de fragments de peau et de prélèvements chez les descendants de l'Empereur, sur ces problèmes demeurés insolubles pour le chercheur-historien à court de documents.

À partir de ces analyses, il apporte enfin des réponses aux questions devant lesquelles l'historien était désarmé.

Clio se tait. Place à la Génétique.

Jean Tulard
de l'Académie des Sciences morales et politiques
Professeur émérite à la Sorbonne

---

1. BORNET Philippe, *Napoléon et Dieu*, Via Romana, 2021.

1. Introduction

Quel est le rôle de la Génétique, et plus généralement celui de la Science, dans la recherche historique ? Peut-elle être appliquée aux différentes énigmes qui entourent encore la vie et la mort de Napoléon, faute de ces documents dont parle le Professeur Tulard ? L'Empereur a-t-il été empoisonné avec de l'arsenic par le général Montholon pour hériter des deux millions de francs promis par le testament, comme le croient encore beaucoup de Français : « Le rôle des scientifiques n'est pas de prouver qu'il y a eu un assassinat de Napoléon [...]. Ce travail revient à l'historien »[2] prétendent deux historiens connus.

À ces historiens, je ferais remarquer que l'Histoire est une discipline *assertorique* : elle procède par la confrontation des arguments. Le prix à payer est que la discussion

---

2. LENTZ Thierry et MACÉ Jacques, *La mort de Napoléon, mythes, légendes et mystères,* Perrin, 2009, p. 152.

entre les opinions en présence ne cesse jamais totalement. Même si le débat se clarifie, il restera toujours une partie des lecteurs qui refusera de se rendre aux arguments de la partie adverse.

La Science, elle, est une discipline *apodictique*[3]. Elle procède humblement et lentement, allant du simple au complexe et du connu à l'inconnu. Elle mesure, chiffre, et repose sur une série d'expériences reproductibles et vérifiables. En revanche, nul n'échappe aux certitudes qu'elle établit, sauf malhonnêteté ou mauvaise interprétation des faits.

*

Un exemple : les cheveux de Napoléon sont incontestablement riches en arsenic. Les travaux du Dr Pascal Kintz de l'Institut médical de Strasbourg en 2001, effectués à la demande de Ben Weider, auraient établi que l'arsenic, présent dans les cheveux de Napoléon, serait d'origine minérale et présent dans la médullaire du cheveu, c'est-à-dire qu'il aurait pénétré par voie sanguine, lors d'une intoxication générale. Il y aurait donc eu, soit intoxication chronique, soit empoisonnement.

---

3. Est apodictique, du grec ancien ἀποδεικτικός, une proposition, un jugement, au caractère d'universalité et de nécessité absolue, c'est-à-dire ce qui est nécessairement vrai pour tout esprit.

S'il y a eu intoxication, l'historien se perd en conjectures sur l'origine de l'arsenic : vient-il des papiers peints, des peintures, de la mort-aux-rats ?...

S'il y a eu empoisonnement, manquent alors l'identification du coupable, le mobile de l'empoisonnement et les témoignages à charge recevables.

Les historiens, balançant entre ces deux hypothèses impossibles à admettre, concluent seulement avec quelque mauvaise humeur que la thèse de l'empoisonnement est incohérente.

Or la Science permet de déterminer, à l'aide du microscope électronique, la localisation précise de cet arsenic, ce qui change du tout au tout l'interprétation donnée jusqu'ici à sa présence.

Autre énigme : le corps de Napoléon a-t-il été dérobé par les Anglais et remplacé par celui du maître d'hôtel Cipriani, mort un peu plus tôt ?

Lentz et Macé démontrent les incohérences de cette thèse, mais sont gênés par la disparition de la tombe de Cipriani dans le cimetière de Sainte-Hélène, tombe dont la découverte aurait ruiné définitivement la thèse de la substitution : « pour un esprit scientifique ou curieux [...], lâchent-ils, une conclusion s'impose : fouillons le tombeau des Invalides »... Mais, plaident les historiens, ce serait une « profanation injustifiée ». Bref, la méthode historique a échoué. Soit l'échec est constaté, soit l'Histoire fait confiance à la Science.

Le lecteur découvrira comment, avec l'aide d'un historien, la Science (avec beaucoup d'audace, mais il en faut parfois) a triomphé de cet obstacle.

Nous verrons aussi que la Science peut ratifier le jugement de l'Histoire. Ainsi, le masque moulé par François Antommarchi, le médecin de l'Empereur à Saint-Hélène, est bien une « reconstitution [qui] ne représente pas le visage de Napoléon », mais fut fabriqué à partir d'un moulage authentique. Elle apporte ainsi un nouveau degré de certitude.

Mais, qui d'autre que la Science aurait pu, par la détermination de ce qu'on appelle *l'haplotype*[4], découvrir d'où venaient les lointains ancêtres de Napoléon ? Qui aurait pu remettre en cause cette information fallacieuse, insultante pour la mémoire de l'Empereur, amplement relayée par des sources d'information anglo-saxonnes, prétendant que son pénis avait échoué dans le cabinet de curiosités d'un urologue américain ? Qui aurait pu infirmer ou confirmer la filiation de Louis Bonaparte, roi de Hollande, du Prince Napoléon, descendant de Jérôme, de l'actuel comte Walewski et de l'Américain, hier encore inconnu, Mike Davis ? Comment expliquer la très étonnante conservation du corps dans un climat tropical, et surtout, *last but not*

---

4. Un haplotype est un ensemble de gènes situés sur un même chromosome et transmis aux descendants.

least, élucider **la cause véritable de la mort de Napoléon**?
Sinon la Science.

Pendant douze ans, de 2010 à 2022, ce n'est pas moins d'une dizaine d'enquêtes scientifiques qui ont été menées, avec l'aide du prince Charles Napoléon (descendant de l'Empereur par le rameau issu de Jérôme Bonaparte, plus jeune frère de l'Empereur) et le comte Walewski (descendant d'un fils naturel de Napoléon Ier). Grâce à son laboratoire de génétique et à son microscope électronique, nous avons réalisé un travail gigantesque qui va stupéfier tous les passionnés de Napoléon.

*

Mais avant de vous présenter le résultat de nos travaux, je me permets de préciser mes origines familiales et mon parcours professionnel. Les Lucotte sont Bourguignons, originaires du canton d'Arnay-le-Duc, dans l'actuel département de la Côte-d'Or. La Bourgogne est une province qui a toujours plu à Napoléon Bonaparte, qui voulait y acquérir une propriété quand il était encore général. On a retrouvé une lettre de lui à son secrétaire Bourienne sur ce sujet. Un Claude Lucotte, manouvrier, s'y était établi à la fin du règne de Louis XIV, donnant naissance à toute une lignée de Lucotte, dont le plus célèbre, un général d'Empire justement, ami du général Hugo (le père de Victor), donna son nom à une ancienne rue du XVe arrondissement de Paris[5].

Les Bourguignons, réputés pour être des garçons de beaucoup d'esprit, jadis sujets de Charles le Téméraire, sont les héritiers de cette Lotharingie en forme de sablier fondée par Lothaire II (855-869), s'étendant des Vosges à la Frise en englobant l'actuelle Lorraine, de ce duché de Bourgogne qui a donné aussi naissance à la Flandre, de cette terre où l'on est à la fois jouisseur et mystique.

Mon père était chirurgien et je commençai moi-même des études de médecine, préférant toutefois rapidement la biologie à l'austère clinique.

Docteur en génétique puis docteur ès sciences, un diplôme qui nécessitait à l'époque de travailler quinze ans à sa thèse, je commençai ma carrière professionnelle au CNRS à Gif-sur-Yvette, puis devint chef de service au Centre National de transfusion sanguine, rue Alexandre-Cabanel, à Paris. L'époque était difficile dans ces années de scandale du sang contaminé, où les hémophiles nous attendaient à la sortie pour déchirer leur carte de groupe sanguin et nous

---

5. La rue du Général-Lucotte dans le XVe arrondissement de Paris, débutait rue Lucien-Bossoutrot et se terminait avenue de la Porte-de-Sèvres. Après avoir servi de voie de service pour les ateliers de maintenance de la ligne 3 du tramway, elle a disparu dans le nouveau siège du ministère de la Défense.

cracher dessus. J'y ai fondé à Paris, en 1982, un des tout premiers laboratoires français de génétique moléculaire humaine ; j'y découvris les marqueurs ADN du chromosome Y, surnommé (pour l'une de ses formes) chromosome d'Abraham. Je devins professeur à l'École d'Anthropologie de Paris, poste que j'occupe à vie, et fondai l'Institut d'Anthropologie et de Génétique Moléculaire.

Au physique, de taille moyenne, je me suis laissé pousser une moustache et je porte maintenant les cheveux longs, comme marque d'autorité universitaire. Au moral, j'ai horreur des enquiquineurs, des bavards et des cuistres de tout poil qui prétendent me dicter ce que je dois penser.

Napoléon n'avait pas encore croisé mon chemin quand tout changea par la faute ou plutôt grâce à un médium...

*

Le texte qu'on va lire se veut à la portée de tous ceux qui ont eu une formation scientifique lors de leurs études secondaires. Les passages en note et en annexe sont plus spécialement destinés aux scientifiques qui les liront avant de se reporter à mes articles.

2. Comment tout commença

Comme toujours, tout commença par et pour une femme.

Trois dynasties prétendent aujourd'hui avoir des droits à régner sur la France pour le cas, de moins en moins improbable chaque jour, où la République disparaîtrait.

Le prince Jean d'Orléans ou Jean de France, prétendant orléaniste, né en 1965, fils d'Henri d'Orléans, comte de Paris (décédé le 21 janvier 2019, anniversaire de la mort de Louis XVI), descend du frère cadet de Louis XIV, Philippe, duc d'Orléans.

Louis de Bourbon, né en 1974, fils du duc d'Anjou, prétendant légitimiste, descend directement de Louis XIV. Son ancêtre Philippe de France avait dû renoncer à ses droits sur la couronne de France, au moment du traité d'Utrecht de 1713 pour pouvoir monter sur le trône d'Espagne.

Jean-Christophe Napoléon, né en 1986, est un descendant de Jérôme Bonaparte, il portera au décès de son père le titre de prince Napoléon, comme il est de règle depuis Napoléon III. Il est notable que sa mère est une Bourbon des Deux-Siciles et qu'il a épousé Olympia von Arco-Zinneberg, une Habsbourg (c'est Marie-Louise qui a dû être contente!), elle-même descendante à la fois des rois français Charles X et Louis-Philippe. Il a été préféré, par son grand-père, à son père Charles, comme héritier des droits sur le trône impérial, en raison du divorce de ce dernier et de ses positions politiques proches de la gauche socialiste. Tous deux descendent de Jérôme Bonaparte, le plus jeune frère de Napoléon Ier.

Or Charles Bonaparte a une sœur jumelle, la princesse Catherine, qui remplit à cette date la fonction d'assistante sociale ; elle est l'amie de Patricia Darré, journaliste, écrivain et médium. Darré a écrit plusieurs livres sur ses expériences paranormales chez l'éditeur Michel Lafon, livres pour lesquels elle a été l'invitée de Stéphane Bern et Nikos Aliagas. Elle assure avoir été en relation avec des personnages historiques comme... Napoléon, qui lui aurait fait savoir que sa dépouille ne reposait pas aux Invalides et qu'il n'appréciait pas qu'on vénérât sa mémoire en un endroit où ses restes ne reposaient pas.

*

En ces années 2010, la théorie de la substitution du corps de Napoléon par les Anglais battait encore son plein. La princesse Catherine, dotée d'une de ces natures fines et nerveuses (fréquentes chez la gent féminine), culpabilisée peut-être à l'idée qu'elle ne faisait rien pour le souvenir de son glorieux ancêtre, réunit à l'hôtel Lutetia tout le gratin des napoléonâtres et des bonapartophiles afin de débattre du sujet. S'y trouvaient, parmi un groupe de spécialistes, de curieux et de journalistes, des historiens comme l'excellent David Chanteranne du *Souvenir napoléonien* et Jean-François Prévost, professeur de droit constitutionnel et de droit européen à Dauphine – ami de l'écrivain Didier Van Cauwelaert – et membre de l'Institut d'Anthropologie et de Génétique Moléculaire, dont je suis le fondateur.

Le Pr Prévost m'avait fait inviter à cette réunion à titre de généticien, passionné de ce que l'on appelle la génétique au service de l'Histoire, la génétique historique, dite quelquefois récréative (le mot récréatif est une mauvaise traduction de l'anglais, signifiant que cette génétique s'intéresse à des sujets inhabituels et extérieurs à son champ d'action ordinaire). Cette génétique «récréative», certes fort plaisante n'est en fait pas récréative du tout, et demande – je puis en témoigner! – beaucoup de travail ; elle a permis d'élucider des mystères historiques, notamment l'identification des corps des Romanov liquidés par les Soviétiques.

2. Comment tout commença

Le collectionneur Pierre-Jean Chalençon, célèbre animateur de télévision à la tignasse blonde, accusé depuis d'organisation de dîners clandestins pendant le confinement, était disposé à fournir des cheveux de Caroline, sœur de Napoléon. Je réclamai pour ma part un exemplaire certifié des cheveux de Napoléon lui-même.

Or le musée de Châteauroux possédait – je l'appris à l'occasion de cette réunion – un reliquaire ayant appartenu à Vivant Denon, premier directeur du Musée du Louvre, contenant une mèche de Napoléon.

Le graveur Vivant Denon (1747-1825) dirigeait le Cabinet des médailles de Louis XVI. Il fut surpris par la Révolution en Italie et, considéré comme émigré, ne rentra en France que grâce à la protection du peintre David. Ami du général Bonaparte, qu'il avait croisé, dit-on, dès 1793, dans le magasin d'une modiste, il participa à la campagne d'Égypte et devint, jusqu'en 1815, directeur du musée qui allait devenir notre Louvre.

Pouvait-on tenter une identification génétique à partir de cet échantillon? Napoléon et Caroline devaient être tous les deux porteurs de l'ADN mitochondrial (en abrégé ADNmt) légué par leur mère Letizia. Cet ADNmt se transmet en effet à tous les enfants, mâles et femelles, à la première génération. Son étude pouvait livrer un premier marqueur, permettant une identification formelle. Trois autres équipes précédemment consultées sur ce sujet avaient échoué avant moi. Un financement de 5 000 €, par la princesse Catherine, était disponible. Je relevai le défi.

*

Le musée de Châteauroux est un musée municipal qui, à ce titre, dépend donc de la ville. Il ne fait pas partie des Musées nationaux. Le fonds qu'il détient provient en premier lieu du général Bertrand, auquel on doit le fameux pont qui permit le franchissement du Danube avant la bataille de Wagram en 1809, et qui fut, avec sa famille, compagnon d'infortune de l'Empereur. Bertrand laissa des *Cahiers* sous une forme sténographique, très difficiles à lire, parus donc tardivement à partir de 1949 et dont une version entièrement restaurée a été publiée par François Houdecek, de la Fondation Napoléon, pour le bicentenaire de la mort de Napoléon en 2021. Bertrand fut témoin des derniers moments de Napoléon, signa le procès-verbal de sa mise en bière et le reconnut formellement en 1840, lors du retour des cendres.

Mme Michèle Naturel était, à ce moment-là, la directrice de ce musée Bertrand, qui occupe le propre hôtel particulier du général Henri-Gatien Bertrand (construit par son grand-père au XVIIIe siècle) et qui accueillit au fil du temps des legs d'autres collectionneurs, comme le bibliophile Jean-Louis Bourdillon (1782-1856), le collectionneur Vivie de

Régie et un descendant de la famille Thabaud Boislareine-Desaix. Parmi les objets légués figuraient des souvenirs ayant appartenu à Vivant Denon, une boîte contenant des cheveux du corps momifié de Letizia (la mère de Napoléon) et deux masques mortuaires de l'Empereur.

Je repris contact avec Mme Naturel, dont j'avais fait la connaissance à la réunion du Lutétia et, malgré des pressions inconvenantes venues de concurrents indélicats, pressions auxquelles elle résista victorieusement, avec l'appui de sa municipalité, je pus (peut-être guidé par les mânes de Napoléon!) venir à Châteauroux, cette capitale du Berry dont est originaire Patricia Darré et où fourmillaient jadis enchanteurs et sorciers, examiner le reliquaire de Vivant Denon, puis faire ouvrir devant moi la boîte contenant les cheveux de la mère de Napoléon...

*

Depuis l'épidémie de covid-19, tout le monde a entendu parler de la PCR comme moyen d'identifier ce coronavirus à partir de son ARN. En bon français, il faudrait dire ACP, c'est-à-dire amplification en chaîne par polymérase. Amplification, car le fragment d'ADN (même chose à partir de l'ARN dans le cas de la covid-19) est recopié à chaque cycle : les deux brins de l'ADN en donnent 4, 8, 16, 32, etc., et ceci sous l'effet d'une enzyme, nommée la polymérase, qui provoque la réaction biochimique. Le but : obtenir suffisamment de molécules ADN pour procéder à leur analyse biochimique.

L'ADN (acide désoxyribonucléique) est une molécule en double spirale. Imaginez une échelle munie de barreaux, tordue sur elle-même. Chaque montant latéral est spiralé et tourne autour de l'autre. Les éléments de base de cet ADN sont des bases azotées. Il y en a quatre : l'adénine, la thymine, la cytosine et la guanine. Elles sont désignées par leur initiale : A, T, C et G. L'adénine s'apparie avec la thymine et la cytosine avec la guanine. A-T et C-G forment autant de « barreaux » sur l'échelle de l'ADN, ce qui permet aux deux « montants » d'ADN de se réunir.

A, T, C et G forment autant de lettres d'un alphabet qui permet d'écrire des phrases, des paragraphes, des pages et des tomes d'une encyclopédie génétique contenant les informations nécessaires à la vie. Certains passages sont identiques pour tous les êtres humains, d'autres varient. Nous sommes tous humains, mais aussi tous différents (sauf les vrais jumeaux).

Les chromosomes sont constitués d'ADN et résident dans le noyau cellulaire. Mais les mitochondries (qui sont des centrales d'énergie) qui se trouvent hors du noyau, dans le cytoplasme, font exception et renferment des fragments d'ADN dit ADN mitochondrial (ADNmt). Si les chromosomes du noyau sont composés pour moitié d'ADN paternel et maternel, l'ADNmt, lui, provient *exclusivement de la mère.* C'est la contrepartie féminine du chromosome Y qui ne provient *que du père,* car seuls les hommes en possèdent un.

Autre particularité de cet ADNmt, il est en assez grande abondance dans les cellules, ce qui rend plus facile son analyse.

*

Le reliquaire de Vivant Denon, au musée de Châteauroux, comporte une mèche de Napoléon et son authentification ne fait aucun doute ; elle est accompagnée d'une lettre signée de Napoléon. Je trouvai également à Châteauroux des cheveux de Letizia.

*

Lorsque deux êtres humains se reproduisent, chacun donne un exemplaire de ses chromosomes. Mais à cette occasion, des erreurs se produisent parfois, qui deviennent héréditaires. Ce sont des mutations. Une mutation se définit par un changement d'une base par une autre, à un endroit précis de la molécule d'ADN, par exemple au 2 582e rang dans le sens de la lecture. L'ADNmt peut aussi muter ainsi que le chromosome Y.

Mais comment se déroule en pratique la PCR (ou plutôt l'ACP) ? La mise au point de cette technique est due à Kary Mullis, dans les années 1980 ; il reçut pour cela le prix Nobel en 1993.

Il faut commencer par séparer les deux brins d'ADN, en portant celui-ci à une température de 93 à 96 °C. Puis on dépose, sur un des brins, deux « amorces » qui indiquent le début et la fin du passage de l'ADN à recopier ; pour cela, la température est abaissée à 55-65 °C. Enfin, on ajoute des nucléotides et de l'ADN polymérase lorsque la température est remontée à 72 °C. Ces trois phases constituent un cycle, à l'issue duquel le nombre de chaînes a doublé. Après 20 cycles, on dispose déjà théoriquement d'un million de copies, car leur nombre croît exponentiellement. Mais le rendement d'un cycle n'étant pas de 100 %, il faut, en pratique, 35 à 40 cycles.

Ce processus est aujourd'hui automatisé pour obtenir le plus rapidement possible les variations de température requises. Autre progrès, l'utilisation d'une polymérase découverte dans une bactérie capable de prospérer à des températures de plus de 90 °C, ce qui évite d'en rajouter dans le mélange à chaque cycle.

Autrefois, il n'était possible que de conclure à la présence ou à l'absence d'une séquence d'ADN. Aujourd'hui, il est possible de quantifier sa présence.

La hantise numéro 1 des laboratoires qui traitent l'ADN ancien est la possibilité d'une contamination par un autre matériel biologique. Si un technicien éternue sur le prélève-ment ou se gratte le cuir chevelu en laissant tomber quelques cellules cutanées, il y a alors contamination et erreur.

Naturellement, toutes les précautions nécessaires furent prises, précautions dont on trouvera le détail dans mon article de 2010[6] : port de gants et masques, embouts de pipettes irradiés, hottes stériles... Les prélèvements ont été étudiés dans des laboratoires séparés et habitués à ce travail spécialement délicat de l'ADN ancien.

*

Le fragment d'ADNmt étudié se situait entre les positions 15 991 et 16 390, une partie de la séquence génomique particulièrement variable. En 1981, Anderson et ses collaborateurs à Cambridge décrivirent les 16 569 bases qui constituent l'ADNmt humain, trois pages écrites serrées d'une revue scientifique. Si l'on note un changement par rapport à la séquence dite d'Anderson, on parle de mutation.

Or en position 16184, la *cytosine* de l'ADNmt de Letizia, de Napoléon et de Caroline a été remplacée par une *thymine,* ce que l'on note ainsi :

---

6. LUCOTTE Gérard, "A rare variant of the mtDNA HVS1 sequence in the hairs of Napoleon's family", *Investigative Genetics*, vol.1, 2010, p. 1-5.

16184 C–>T

Ou, de façon simplifiée :

16184 T

La figure 1 (voir annexe) montre cette mutation, telle qu'elle a été décrite dans l'article original. Mais cette mutation est-elle fréquente ou rare ? Je consultai d'abord la base du *Federal Bureau of Investigation* qui contient près de cinq mille séquences d'ADNmt utiles aux enquêtes policières : elle n'y figurait pas (soit une fréquence – c'est-à-dire l'inverse du pourcentage – inférieure à 0,02 %)! Dans une autre base, dite *EMPOP*, trois individus seulement sur 4775 possédaient cette mutation 16184C–>T, soit une fréquence de 0,067 %. Ma collègue, le Dr Pala (dans une communication personnelle) m'assura ne l'avoir trouvée que dans trois échantillons : un en Crète et deux en Italie, sur les 37 000 de son fichier ; soit une fréquence d'environ 0,008 %[7].

Une mutation se caractérise par sa fréquence. Plus elle est rare, moins sa découverte dans deux prélèvements peut être mise sur le compte du hasard (il faut que ce soit le même individu ou deux parents étroitement liés). La découverte de cette même mutation (présente chez Letizia, Napoléon

---

7. *Op. cit.*

et Caroline) permettra à l'avenir d'identifier tout matériau biologique (peau, cheveux, os, tendon) comme appartenant ou non à Napoléon, avec une probabilité tellement élevée qu'elle équivaudra à une quasi-certitude. J'avais le point d'appui, comme disait Archimède !

Mais pour valider cette mutation, ne fallait-il pas disposer d'une autorisation d'accéder au tombeau des Invalides ?

3. Le corps de Napoléon est-il à l'abbaye de Westminster ?

Le 26 avril 1821, à Sainte-Hélène, île dans laquelle Napoléon avait été exilé après Waterloo, le général Montholon, devenu son garde-malade, entra à quatre heures du matin dans la chambre de l'agonisant :

« L'Empereur m'a dit avec une émotion remarquable : *Je viens de voir ma bonne Joséphine, mais elle n'a pas voulu m'embrasser ; elle s'est enlevée au moment où j'ai voulu la prendre dans mes bras. Elle était assise là, il semblait que je l'avais vue la veille. Elle n'est pas changée : toujours la même, toujours tout dévouement pour moi. Elle m'a dit que nous allions nous revoir pour ne plus nous quitter. Elle m'assure que... L'avez-vous vue ?* Je me suis bien gardé de rien lui dire qui put augmenter l'exaltation fébrile qui ne m'était que trop démontrée. Je lui ai fait boire de sa potion, je l'ai changé, et il s'est endormi ; mais à son réveil, il m'a de nouveau parlé de Joséphine, et je l'eusse impatienté inutilement si je lui avais dit que ce n'était qu'un rêve ».

Ces expériences de fin de vie sont fréquentes et apaisantes ; ce ne sont pas des hallucinations, également fréquentes, mais qui sont moins élaborées et perçues comme gênantes ou effrayantes[8]. **À partir de ce moment seulement,** Napoléon commença à délirer par instant.

Le 27 avril, Napoléon dicta une lettre que Montholon devait envoyer à Lowe pour lui annoncer sa mort.

Le 28 avril, l'Empereur ordonna à son médecin Antommarchi de procéder après sa mort à une autopsie, de bien examiner son estomac et d'en faire un rapport précis à son fils, pour le cas où il aurait un cancer de l'estomac héréditaire. Malgré ses répugnances, il prit le salon comme chambre à coucher. Dans la nuit, il s'entretint tristement avec Montholon de la mort de tous les hommes qu'il avait connus, spécialement de Lannes, Crétin[9]... Il parlait comme un homme qui a perdu la mémoire et est devenu sourd.

Le 29 avril, Montholon tenta de lui faire signer un dernier papier. Mais Napoléon ne voyait même plus le Grand Maréchal Bertrand qu'il avait en face de lui. Bertrand, qui avait eu des mots très durs avec Napoléon quelques jours

---

8. Fenwick Peter (Dr), *Quand la fin de vie s'approche*, horizonresearch.org, The Art of Dying, Continuum Books, 2008.
9. Officier tombé à la bataille d'Aboukir.

auparavant, pleurait : « Voilà le grand Napoléon, misérable, humble ».

Le 30 avril, l'Empereur était lucide, il se réveilla en criant : « Ah ! ah ! la mort ! » Il dit à Montholon : « Mon ami, je suis mort ». Antommarchi crut qu'il allait passer, entre dix et onze heures.

Mais le 1er mai, Napoléon était toujours vivant. À deux heures de l'après-midi, la fièvre diminua. L'abbé Vignali, son aumônier, avait fait dresser l'autel et avait passé quelques instants seul avec l'Empereur pour lui donner l'extrême-onction. Tout le monde se retira, Vignali resta seul et rejoignit les autres quelques instants après, dans la pièce voisine.

Dans ses *Mémoires,* Marchand place cet épisode le 3 mai, ce qui est une erreur. Bertrand le situe le 1er mai et Marchand lui-même, dans une lettre au chevalier de Beauterne, parle du 1er mai. La date du 1er mai est aussi plus logique, car Napoléon avait failli mourir la veille. D'après le valet de chambre Marchand, une demi-heure après, l'abbé sortit en lui disant : « L'Empereur vient d'être administré, l'état de son estomac ne permet pas d'autre sacrement ». Au sujet de la communion, Ali et Marchand concordent dans leur témoignage en ce qui concerne l'intervention de l'abbé Vignali, mandé au chevet de l'Empereur, mais Marchand précise que l'abbé « en habit bourgeois tenait sous ce même habit quelque chose qu'il cherchait à dissimuler et que je

3. Le corps de Napoléon est-il à l'abbaye de Westminster ?

ne cherchais pas à deviner, pensant bien qu'il venait d'accomplir un acte religieux». Vignali commença les prières des Quarante-Heures.

Le 2 mai, Napoléon réitéra sa recommandation d'examiner son estomac et d'en confronter les conclusions avec le compte rendu de l'autopsie de son père. Le médecin et les deux généraux étaient à bout de forces. Au milieu de la nuit, Napoléon voulut se lever. Montholon et Vignali le prirent par le bras. Puis, Vignali le laissa, se mit à genoux, pria. L'Empereur soupira très haut, avec effort, puis jeta : «Mon Dieu! Mon Dieu! Mon Dieu!» Antommarchi lui prit le pouls et trouva jusqu'à 108 par minute. Le malade était probablement passé en fibrillation auriculaire.

Le 3 mai, il y eut une amélioration de courte durée.

*

Le 5 mai, Vignali était présent avec les autres. Les enfants Bertrand firent irruption dans la chambre. Ils ne le reconnaissent pas! À 5 h 49 de l'après-midi, Napoléon meurt. Le Grand Maréchal Bertrand lui ferme les yeux. À 10 h, l'abbé Vignali fait quelques prières.

Le 6 mai : l'autopsie eut lieu à 2 h de l'après-midi devant dix-sept personnes. Pendant ce temps, l'abbé Vignali était à genoux, au pied de l'autel. Le temps était lourd et chaud. À 4 heures du soir, Napoléon avait l'air déjà plus âgé que ses cinquante-deux ans. Il avait été revêtu de son uniforme de colonel des chasseurs de la Garde impériale, avec probablement le grand cordon de la Légion d'honneur en écharpe.

Le 7 mai, le corps empestait. Un masque mortuaire fut alors pris, mais les traits étaient mous et disgracieux, car on avait tardé, ne trouvant pas tout de suite le plâtre nécessaire.

Le cercueil fut fermé à 7 h du soir. Un procès-verbal fut dressé, signé Bertrand, Montholon et Marchand. Voici cette pièce capitale reproduite par l'historien[10] Bruno Roy-Henry :

> *Ce jour d'hui sept mai mil huit cent vingt et un, à Longwood, île de Sainte-Hélène, le corps de l'Empereur Napoléon étant revêtu de l'uniforme des chasseurs de la garde a été déposé dans un cercueil de fer-blanc [...]. Ce premier cercueil ayant été soudé en notre présence a été placé dans un autre en plomb, lequel après avoir été également soudé a été renfermé dans un troisième cercueil d'acajou.*

L'existence de ces trois cercueils est attestée par le marquis de Montchenu, commissaire de Louis XVIII, et par le gouverneur de l'île, Hudson Lowe. Trois cercueils : étain, plomb et acajou.

---

10. ROY-HENRY Bruno, *Napoléon, l'énigme de l'exhumé de Sainte-Hélène*, L'Archipel, 2003.

3. Le corps de Napoléon est-il à l'abbaye de Westminster ?

Dans le premier cercueil se trouvaient son chapeau, placé à ses pieds, et deux vases contenant respectivement le cœur et l'estomac.

Le 9 mai, le cercueil fut placé en grande pompe dans la vallée des Géraniums, près d'une source dont Napoléon avait apprécié l'eau lors d'une promenade à cheval. Toutes mesures furent prises pour préserver le cercueil de l'humidité. L'énorme pierre formant la fermeture du caveau fut scellée au ciment.

Le 27 mars, Napoléon avait confié à Bertrand : « La seule chose à craindre est que les Anglais ne veuillent garder mon cadavre et le mettre à Westminster ». Le 13 avril, il répétait : « Je viens d'écrire au Prince régent pour lui demander de ne pas garder mes cendres à Londres ».

*

Le roi Louis-Philippe, qui jugeait sévèrement Napoléon dans sa jeunesse, consentit, à la suite d'intrigues de son entourage trop longues à raconter, à faire revenir les cendres de Napoléon en France. Il annonça sa décision le jour de sa propre fête, le 1er mai 1840. Comme la mission était diplomatiquement plus délicate qu'il n'y paraissait, il fut adjoint au fils de Louis-Philippe, le prince de Joinville, officier de marine qui commandait *La Belle-Poule*, le comte Philippe de Rohan-Chabot, dont la grand-mère était lady

Fitzgerald, ce qui lui valait de nombreuses alliances et relations outre-Manche.

La mission était délicate pour deux raisons.

1. Les Français voulaient vérifier l'identité du corps qu'on allait leur remettre, ce qui pouvait désobliger les Anglais, raison pour laquelle l'expédition partit avec les témoins encore vivants de la captivité de Napoléon, notamment Bertrand, Gourgaud, Las Cases fils et Marchand. Il était probable que la décomposition du corps n'avait laissé qu'un squelette et qu'il faudrait vérifier de nombreux détails vestimentaires, dont seuls les intimes avaient gardé le souvenir.

2. Les relations diplomatiques entre la France et l'Angleterre s'étaient tendues, car Mehmet Ali, allié de la France, voulait proclamer l'indépendance de l'Égypte vis-à-vis de l'empire ottoman, ce que Londres refusait avec l'appui de la Russie. L'opinion en France était portée au bellicisme. Qu'arriverait-il si le bruit, qui commençait à courir, que le corps de Napoléon avait été dérobé par les Anglais, était confirmé par la découverte d'un autre corps que celui de l'Empereur ? Une guerre à laquelle la France n'était pas préparée pouvait-elle éclater ?

Un certain nombre d'événements curieux se produisirent.

1. *La Belle-Poule* fit voile le 7 juillet 1840 de Toulon et ne toucha terre que le 8 octobre. *L'Oreste* fut dépêché pour

3. Le corps de Napoléon est-il à l'abbaye de Westminster ?

rattraper *La Belle-Poule*, avec le prétexte de lui apporter un pilote et plus probablement pour remettre un pli secret au prince de Joinville.

2. Sir Middlemore, gouverneur de Sainte-Hélène, n'avait rien prévu pour procéder à l'exhumation et à la reconnaissance du corps. Il refusa toute aide de la part des troupes françaises. L'Angleterre avait-elle quelque chose à cacher ?

3. Le prince de Joinville consigna strictement ses troupes à bord. Une sévère brimade pour des hommes qui n'étaient pas descendus à terre depuis plus de trois mois ! Lui-même resta à bord de la frégate. Que redoutait-on, alors que Chabot avait porté un toast à « l'union indissoluble de la France et de l'Angleterre » ? L'enseigne de vaisseau Pujol, qui souhaitait relater l'événement, était furieux. Tout dessin, toute photographie avaient été interdits. Un daguerréotype et une grande quantité de plaques avaient pourtant été prévus. Ils ne servirent à rien. Le dessinateur Henri Durand-Brager, prévu pour dessiner les scènes les plus importantes fut consigné à bord comme les autres. Rohan-Chabot écrivit à Thiers le 28 octobre : « conformément à vos ordres, aucune autre personne (que celles autorisées) n'a été introduite au nom de la France dans l'enceinte réservée autour du tombeau ». Les Français avaient-ils peur de découvrir quelque chose ?

Le 15 octobre 1840, à minuit, dix-huit Français se rassemblèrent pour la cérémonie. Étaient présents l'ouvrier qui avait soudé les cercueils d'étain et de plomb en 1821 et Andrew Darling qui avait confectionné le cercueil d'acajou. Après neuf heures de travail sous la pluie, le caveau fut ouvert. Le chirurgien de la marine Guillard sauta dans le sépulcre et le purifia au chlore. Un prêtre était présent : l'abbé Coquereau, qui consacra le lieu avec de l'eau bénite. Joinville fut averti par un billet. Voilà ce que lui écrivait Rohan-Chabot :

> *Je ne parviens pas à débloquer la serrure du cercueil d'ébène [...]. Des soldats scient par le côté le coffret d'acajou [...]. Ils en retirent le cercueil de plomb et le déposent dans le sarcophage d'ébène [...]. Trois caisses restent à déclore : une de plomb, une de bois, une de fer-blanc [...]. La soudure du cercueil est lentement découpée et le couvercle soulevé avec précaution [...]. Le médecin soulève [le satin capitonné] et découvre le corps de Napoléon...*

D'où vient ce quatrième cercueil en bois intercalé entre le plomb et le fer-blanc ?

---

3. Le corps de Napoléon est-il à l'abbaye de Westminster ?

De plus, le corps est intact. Chabot note : « Nous vérifions un état de conservation qu'aucun de nous n'attendait »... Comment un corps peut-il rester intact pendant vingt ans sous un climat tropical ? Si ce n'est pas un miracle, c'est au moins une énigme.

*

Le journaliste et collectionneur Georges Rétif de la Bretonne[11] a présenté une thèse complète sur la substitution du corps de Napoléon par les Anglais.

Rétif explique d'abord que les Français ont remplacé le masque mortuaire de Napoléon par celui de Cipriani son maître d'hôtel, décédé en 1818, car les traits de l'Empereur étaient trop altérés et risquaient de donner une mauvaise image de celui-ci à la postérité. Les Anglais l'apprennent et remarquent en effet que non seulement le masque, mais le corps de Cipriani pourrait passer pour celui de Napoléon. Ils substituent le corps de l'un par l'autre et envoient celui de Napoléon en Angleterre, où l'horrible et nécrophage roi Georges IV en fait ses délices.

---

11. Rétif de la Bretonne Georges, *Anglais, rendez-nous Napoléon... Napoléon n'est pas aux Invalides*, Jérôme Martineau, 1969.

En 1840, les témoins dûment chapitrés par Joinville, sur le risque de complications diplomatiques, et paralysés par la perspective de voir découverte leur supercherie historique du masque, feignent de reconnaître Napoléon et se taisent, alors qu'ils n'ont pas reconnu le corps de l'Empereur dans les quelques minutes que dure l'identification.

Cipriani était probablement un espion de Napoléon, devenu agent double et passé au service des Anglais. Son double jeu étant découvert, il se serait suicidé à l'arsenic en 1818. Son corps aurait été revêtu des habits de Napoléon, tandis que le corps de celui-ci était envoyé à Westminster.

Fait troublant : le réalisateur Terence Young, auteur des premiers *James Bond* et arrière-petit-fils du sergent John Young qui avait monté la garde devant le tombeau de Napoléon à Sainte-Hélène, confia un jour à Rétif que sa grand-mère, en lui faisant visiter Westminster, lui avait confié que le corps de Napoléon gisait sous ses pieds.

Il était facile de convaincre Rétif de la fausseté de la thèse de la substitution : il suffisait de retrouver le corps de Cipriani. Mais quand Gilbert Martineau, consul de France, le rechercha dans le cimetière de Jamestown... sa tombe avait disparu !

*

Pour mettre fin définitivement aux spéculations, une conclusion semblait s'imposer : ouvrir le tombeau

3. Le corps de Napoléon est-il à l'abbaye de Westminster ?

des Invalides et procéder aux analyses génétiques. Les historiens Lentz et Macé s'étranglèrent d'indignation à cette perspective et conclurent en 2009 : « La thèse de la substitution repose entièrement sur une lecture biaisée ou incomplète des sources et sur l'imagination de ses créateurs [...], le tombeau de Napoléon n'est pas celui de M. Tout-le-Monde ». Parlant même de profanation injustifiée[12].

*

Or mon ami, l'historien Roy-Henry, avait découvert qu'un fragment de peau de l'Empereur était jadis exposé dans la vitrine consacrée au *Retour des Cendres,* salle Bugeaud, référence 05673, légendé « Morceau d'épiderme détaché du visage de l'Empereur ».

Avec Jacques Macé, dont j'avais fait la connaissance à la fameuse réunion de l'hôtel Lutetia, j'appris que ce fragment de peau avait été prélevé par le Dr Guillard. En effet, lorsque Guillard avait ouvert le cercueil et enroulé la gaze qui recouvrait le corps, il avait prélevé subrepticement un fragment de peau de l'Empereur et l'avait ramené à Paris puis inséré dans un médaillon. Or ce fragment n'était plus exposé aux Invalides, mais était dans les réserves du musée

---

12. LENTZ Thierry, MACÉ Jacques, *La mort de Napoléon, mythes, légendes et mystères*, Perrin, 2009, p. 215.

de l'Armée à Satory. Napoléon III l'avait offert à son écuyer Firmin Rainbeaux et un des descendants de celui-ci l'avait donné au musée de l'Armée en 1936.

*

Satory est un quartier de Versailles où sont implantés divers organismes de l'armée, dont un camp militaire. De nombreux communards y furent fusillés, par exemple Louis Rossel, et Louise Michel y fut emprisonnée. Il y reste aussi le souvenir de Clément Ader qui fit décoller le premier, en 1897, un avion «plus lourd que l'air». Certaines scènes du film *L'armée des ombres* ont été tournées sur le stand de tir. Bref, Satory a un côté un peu sinistre. Le général Bresse et M. Guillet, respectivement directeur militaire et directeur civil du musée des Armées, nous ayant autorisés à *examiner* ce fragment de peau, je m'y rendis une première fois, accompagné de Jacques Macé. Le fragment se trouvait dans un médaillon d'or à 18 carats et de verre, avec un fermoir-bouton dont je m'assurai qu'il était encore fonctionnel. La figure 2 (voir annexe) montre les faces antérieure et postérieure du médaillon.

Dans ce médaillon, je devais trouver des traces de silice et de calcium, d'alumine et de silicate d'aluminium, ainsi que de colle animale. On peut aisément récolter toutes ces poussières avec un ruban adhésif (*scotch-tape*). Or sachez,

3. Le corps de Napoléon est-il à l'abbaye de Westminster ?

ami lecteur, que l'alumine et le silicate d'aluminium sont typiques des laves de l'île, volcanique, de Sainte-Hélène.

Macé prit de nombreuses photos ; l'écriture de l'étiquette était semblable à celle laissée aux archives du château de Vincennes par le Dr Guillard : même manière de faire les *d* et les *r*.

Tout cela semblait fort prometteur.

*

Je résolus de retourner au musée seul, avec la ferme intention de percer le mystère. Comme la première fois, je fus introduit et laissé seul dans une pièce. Comme la première fois, nos interlocuteurs semblaient plutôt recrutés parmi les employés que parmi les premiers collaborateurs de la direction.

J'avais avec moi une paire de gants, une pince et une lame stériles. J'ouvris le médaillon. Le fragment reposait sur un fragment d'onyx. Sans trembler, je découpai deux minuscules fragments en bordure de la pièce anatomique et réalisai deux prélèvements de poussière. J'avais à peine refermé le médaillon qu'une jeune femme noire en uniforme, grande et svelte, fit irruption dans la pièce avec un air soupçonneux. Visiblement, elle avait reçu au dernier moment des consignes de prudence de la part de ses supérieurs, et elle me demanda si j'avais réalisé des prélèvements. Ayant répondu que oui, elle me pria instamment de les lui restituer. Je lui donnai sans résister un des deux *scotch-tape*, les autres précieux échantillons restant dans le fond de ma sacoche.

La suite de l'entrevue fut assez froide. Je partis sans demander mon reste. Au moment où je franchissais la sortie, une sirène d'alarme déchira l'atmosphère. Un instant, je me crus promis à une fouille au corps et à une incarcération dans les geôles de la sécurité militaire. Le Pr Lucotte allait-il être fusillé sur le front des troupes devant la statue de Napoléon au milieu de la cour des Invalides ? Heureusement, il n'en fut rien...

À ceux qui me reprocheraient d'avoir agi ainsi, je répondrai que j'avais une autorisation d'*examiner* le fragment de peau. Or *examiner* dans la définition du CNRTL (Centre National de Ressources Textuelles et Lexicales créé en 2005 par le CNRS), c'est «examiner quelque chose attentivement, longuement, soigneusement, avec attention, avec méthode, en détail, de près, sous toutes les faces, sous tous les aspects, sous toutes les coutures, à la loupe, au microscope». Le médecin étudie avec ses yeux, mais aussi avec son microscope et effectue des prélèvements du corps du malade. J'ai donc procédé comme l'avaient fait mes prédécesseurs, les Drs Antommarchi et Guillard, j'ai réalisé un prélèvement que j'ai étudié avec attention et minutie.

*

3. Le corps de Napoléon est-il à l'abbaye de Westminster ?

J'étais déjà en possession de la formule de l'ADN mito-chondrial de Napoléon. Ce ne fut qu'un jeu d'identifier le fragment de peau : il s'agissait bien de l'empereur Napoléon Bonaparte[13]. Napoléon dort de son dernier sommeil sous la coupole des Invalides, à côté de son fils, le duc de Reichstadt, de son ami Bertrand et du maréchal de Turenne qu'il y avait lui-même fait entrer.

Thierry Lentz eut beau ajouter un nouvel épisode à sa « chronique du ronchon », j'avais agi pour la découverte de la vérité historique et la génétique remportait là une de ses plus belles victoires. Je n'eus aucune remarque du musée ni de l'armée. Si j'avais prouvé que le corps de Napoléon était à Westminster, j'aurais déshonoré les Invalides et soulevé un scandale international, j'aurais été voué aux gémonies, mais puisque Napoléon était bien sur les bords de la Seine, « au milieu de ce peuple qu'il avait tant aimé », l'armée poussait un soupir de soulagement. Je crois même que j'ai bien mérité une médaille. Qu'attend le ministre de la Défense ?

*

13. LUCOTTE Gérard, THOMASSET Thierry, BORENSZTAJN Stephen, "The medallion of Dr Rémy Guillard (1799-1869) Contains Well Epidermis of Napoleon the First", *International Journal of Sciences*, vol.10 (11), november 2021.

Mais comment expliquer alors cette bévue des quatre cercueils ? Andrew Darling, dans son journal, rapporte avoir commandé quatre cercueils grâce à l'aide du capitaine Benett, qui lui sacrifia la table en acajou de sa salle à manger : «L'ensemble doit se composer de 1° un cercueil de fer-blanc doublé de satin, 2° un cercueil de bois, 3° un cercueil de plomb, puis 4° d'un autre en acajou, ce qui est mis à exécution».

L'enseigne Darroch confirme : «Le premier est en fer-blanc, le second en acajou, le troisième en plomb et le quatrième en acajou».

Marchand, dans ses *Mémoires*, parle aussi de quatre cercueils.

Antommarchi, en 1825, confirme les quatre cercueils : fer-blanc, acajou, plomb et acajou.

Le cercueil de fer-blanc était étroitement encastré dans celui de bois, et à deux ils ne semblaient en faire qu'un seul. Ceux qui n'ont rien vu de près et parlent sans savoir n'ont retenu que les trois matériaux utilisés : fer-blanc, plomb et acajou. Voilà pourquoi certains ont parlé de trois cercueils.

4. Napoléon a-t-il été empoisonné ?

Si Napoléon était vraiment mort d'un cancer, comme l'ont prétendu les Anglais, pourquoi était-il encore aussi si gras à la fin de sa vie ? Le Dr Alessandro Lugli, de l'Institut de pathologie de l'université de Bâle, a mesuré les tailles de 12 pantalons portés par Napoléon Bonaparte, entre 1800 et 1821 : il a grossi de 67 à 90 kg entre 1800 et 1820 pour 1,67 m, et a reperdu 11 kg l'année de sa mort, pesant encore 79 kg, soit un surpoids d'une quinzaine de kilos. Napoléon n'est pas mort cachectique comme le sont généralement les cancéreux en fin de vie. Alors ?

Napoléon et le poison, c'est un thème qui revient périodiquement dans la vie de notre héros ! À propos d'empoisonnement, si l'on en croit l'historien G. Lenôtre, le jeune Napoléon aurait déjà fait l'objet d'une tentative d'empoisonnement par une femme jalouse dans sa jeunesse.

Il avait aussi tenté de se suicider par le poison en 1814. En effet, dans la nuit du 11 au 12 avril 1814, il prit dans son nécessaire un sachet, présent depuis la retraite de Russie, contenant une substance qui devait rendre la mort instantanée : il s'en servit, mais, soit qu'elle eût perdu de sa force, soit que son estomac se fût convulsionné trop tôt, il rendit le tout et l'effet qu'il en attendait manqua. À 11 h du soir, il fit appeler le duc de Bassano, le duc de Vicence, le comte de Turenne et le comte Bertrand, il leur raconta la tentative qu'il avait faite, et se prit à dire : « Dieu ne le veut pas »[14].

Il le répétera plus tard : « Dieu ne voulait pas que je mourusse encore. Sainte-Hélène était dans ma destinée »[15].

Mais, le 28 ou 29 juin 1815, il y songeait pourtant encore et son valet de chambre Marchand en témoigna : « Il me remit un petit flacon de quinze lignes sur quatre ou cinq de largeur, renfermant une liqueur rouge, me recommandant de ne pas le laisser voir de personne, et ajouta : *Arrange-toi pour que je l'aie sur moi. Et comme il s'aperçut combien mon âme était profondément affligée, il appuya sa main sur ma joue »[16]...

---

14. MARCHAND Louis Joseph, *Mémoires*, tome I, Tallandier, 1991, p. 20.
15. MONTHOLON, *Napoléon à Sainte-Hélène*, tome 9, p. 594.
16. MARCHAND Louis Joseph, *op. cit.*, p. 187.

Or, en Suède, une enquête historique terminée en 1958 avait prouvé que le roi Erik XIV avait été empoisonné à l'arsenic par son frère Jean, en 1577. Forshufvud, un médecin stomatologiste suédois de Göteborg, s'était procuré un cheveu du crâne impérial rasé le lendemain de sa mort, et y avait fait doser l'arsenic : le taux était dix fois supérieur au taux considéré aujourd'hui comme normal.

En 1961, le récit d'une enquête judiciaire sur la mort de Napoléon parut chez Plon, sous la plume de ce même Dr Sten Forshufvud[17]. Parlant français après des études à Bordeaux, passionné d'histoire du Premier Empire, Forshufvud avait lu les *Mémoires* de Marchand dès leur parution en 1955. Ces *Mémoires* apportaient sur la mort de Napoléon des détails médicaux précis qu'il interprétait comme des signes d'intoxication à l'arsenic.

Ben Weider, homme d'affaires canadien ayant fait fortune dans la vente de compléments alimentaires pour culturistes, était l'inventeur d'Arnold Schwarzenegger et un virtuose de la communication. Président du Souvenir napoléonien de Montréal puis d'une Société napoléonienne internationale, il rencontra Forshufvud dans les années 1970.

____

17. FORSHUFVUD Sten, *Napoléon a-t-il été empoisonné ? Une enquête judiciaire*, Paris, Plon, 1961.

En France, un autre « complotiste », René Maury, en 1994, avait également repris la thèse de l'empoisonnement[18], puis dans deux autres livres dont le dernier était écrit à quatre mains avec un descendant du général de Montholon.

Mais qui avait commandité l'empoisonnement ? Les Anglais, le comte d'Artois (frère de Louis XVIII et futur roi Charles X) ? Ou encore Montholon de sa propre initiative ?

Montholon paraissait aux yeux des partisans de l'empoisonnement comme le suspect numéro 1. Il disposait de la clef du cellier, voyait l'Empereur tous les jours, s'était montré un mari compréhensif et figurait comme bénéficiaire de deux millions de francs dans le testament de Napoléon. De plus, l'arsenic est largement utilisé comme mort-aux-rats dans l'île infestée de ces rongeurs.

Ben Weider commandita un nouveau dosage de l'arsenic par le laboratoire du FBI. En juin 2001, il lança une vaste opération de presse à propos de son dernier livre sur le sujet. Il demanda aussi au Dr Pascal Kintz, professeur de médecine légale à l'Institut médico-légal de Strasbourg et président de la Société française de toxicologie, de vérifier ses dosages en utilisant une autre méthode : la physique nucléaire.

---

18. MAURY René, *L'assassin de Napoléon ou le mystère de Sainte-Hélène*, Paris, Albin Michel, 1994.

Comment la physique peut-elle venir au secours de la chimie? Un bombardement de neutrons provoque une excitation des électrons qui gravitent autour d'un atome. Ceux-ci changent d'orbite en s'éloignant du noyau puis ils reprennent leur orbite initiale en émettant un rayonnement caractéristique, par sa longueur d'onde, de l'élément bombardé. Or Kintz affirma, après cette étude, que l'arsenic présent dans les cheveux de Napoléon :

- était d'origine minérale (autrement dit, il ne venait pas de produits organiques) ;
- qu'il s'était fixé dans la *medulla* (le centre) du cheveu, ce qui prouvait qu'il avait été intégré à partir d'arsenic circulant dans le sang.

C'était un fort argument pour l'intoxication sinon l'empoisonnement! Le lecteur fait bien la différence entre l'intoxication qui est involontaire et l'empoisonnement qui est volontaire et suppose un projet criminel[19].

*

Il faut aussi savoir que le consensus actuel admet *comme concentration normale* de l'arsenic le niveau de 1 ng d'arsenic/mg de cheveu. De nombreux dosages ont eu lieu

---

19. KINTZ Pascal, « Une nouvelle série d'analyse des cheveux de Napoléon confirme une exposition chronique à l'arsenic », *Annales de Toxicologie Analytique*, vol. XIII, n° 4, 2001, p. 243-246.

entre les années soixante et deux mille, avec des méthodes diverses sur des cheveux prélevés en 1821 : les résultats s'étagent entre 4,9 et 38,5 ng/mg. Comment nier alors que Napoléon ait été lentement empoisonné par Montholon, jaloux de la liaison de Napoléon avec la comtesse de Montholon, pour toucher plus vite la fortune dont il se savait l'héritier, avec la complicité probable des Anglais, voire des Bourbons !

*

J'avais relu avec soin les travaux de mes prédécesseurs. Un fait crevait les yeux : les cheveux de Napoléon contenaient des quantités importantes d'arsenic même avant le séjour à Sainte-Hélène ! Par exemple, 33,4 ng/mg en 1814, d'après l'étude de Lin et collaborateurs de 2004. Montholon avait dû commencer très tôt sa tentative d'empoisonnement !

De plus, afin d'enlever de la surface du cheveu l'arsenic situé à sa surface, donc non susceptible de provenir du courant sanguin, les cheveux analysés étaient lavés soigneusement avec de l'acétone et de l'eau pure à plusieurs reprises. Or si on dose l'arsenic dans la solution de décontamination, on s'aperçoit qu'il n'est présent qu'en quantité négligeable, ce qui signifie que ces solutions de décontamination sont d'une efficacité limitée, et que de l'arsenic extérieur est resté pour une grande part à la surface du cheveu[20]. Enfin, l'observation médicale (*la clinique*) ne permet pas de reconnaître chez Napoléon, les signes spécifiques de l'intoxication à l'arsenic : neuropathie périphérique, dermatose exfoliatrice des paumes et plantes, kératodermie, mélanodermie, bande de Mess sur les ongles...

*

Je disposais de trois cheveux de Napoléon, provenant du reliquaire de Vivant Denon. Ceux-ci avaient été probablement prélevés par Marchand en 1821 pour en faire des « paniers », comme l'Empereur l'avait demandé : c'est-à-dire des colliers, anneaux, bracelets ou bagues que les membres de sa famille porteraient sur eux.

J'utilisais une fois de plus le microscope électronique et fis les remarques suivantes en particulier sur le cheveu qui avait servi à l'extraction de l'ADN mitochondrial[21] :

---

20. Strogi Krystyna, "Hair analysis for monitoring environmental pollution and the resulting human exposure to trace metals: An overview", *Environnement, Risques & Santé*, vol. 5, 2006, p 391-4045.
21. Lucotte Gérard, « Napoléon empoisonné ? La fin d'une énigme », *Napoléon 1er*, février, mars, avril 2013.

4. Napoléon a-t-il été empoisonné ?

1. les cheveux sont raides, châtain clair et très fins, ce qui correspond bien aux témoignages ;

2. ils ont été nettoyés par des détergents utilisés à cette époque (soude et savon noir) puis décorés (présence d'or et d'argent) ;

3. il se trouve sur un cheveu un grain de pollen provenant d'un type de chardon présent dans l'île ;

4. un grain minéral est présent (comportant césium, lanthane, néodyme et samarium), ce qui indique la proximité d'une terre d'origine volcanique ;

5. un petit fragment métallique provenant de la lame du rasoir est d'une composition typique du fer originaire des forges du début du XIXe siècle.

*

Que montrait le microscope électronique à balayage couplé à la microfluorescence à rayons X ? Cette technique permet de détecter l'arsenic seulement au-delà de 1 ng/mg.

La figure 3 (voir annexe) donne les vues en microscopie électronique à balayage des cheveux de Napoléon et de sa mère, ainsi que les spectres EDX dans les deux cas.

Un des cheveux était fendu en longueur. L'analyse commença en ce point précis. Les éléments s'affichèrent en une série de pics plus ou moins hauts suivant la quantité de chaque élément, et cette série de pics montra la présence de carbone, oxygène et soufre. Le soufre provient de la kératine du cheveu. *Il n'y avait aucun pic pour l'arsenic.* Résultats identiques en 59 autres points de ce cheveu.

J'ai alors coupé les cheveux transversalement avec une lame de rasoir et les analyses ont été refaites sur chaque section transversale : 117 fois. Pas la moindre trace d'arsenic à l'intérieur des cheveux de Napoléon. Là où cet élément passe à partir du sang dans le canal médullaire central du cheveu puis dans tout l'intérieur.

Comme je disposais aussi de cheveux de Madame Mère, Letizia, mère de Napoléon, je recommençai l'examen avec la même méthode. Il existait un pic d'arsenic élevé à la surface des cheveux, d'ailleurs visible sous forme de cristaux, de coulées ou de poudre. Même à l'intérieur du cheveu, le spectre montrait un pic élevé de cette substance. Résultat important qui montre que *l'arsenic de provenance extérieure peut à la longue pénétrer à l'intérieur du cheveu.*

Cela permet aussi d'expliquer, écrivais-je dans la revue *Napoléon Ier* et de façon détaillée lors du 3e colloque international de pathographie en 2009[22], pourquoi il y a de l'arsenic à l'intérieur des cheveux de Napoléon. En utilisant une technologie dite *Nano-SIMS*, Kintz avait en effet

---

22. LUCOTTE Gérard, « Pas d'arsenic sur et dans les cheveux de Napoléon », 3e colloque international de pathographie, avril 2009, p. 259-276.

4. Napoléon a-t-il été empoisonné ?

prouvé, sur les coupes de cheveux du lot « Abbé Vignali » prélevés le 6 mai 1821, que leur partie centrale montrait une forte positivité en arsenic ; il en avait déduit faussement que cela indiquait un passage du toxique par la circulation sanguine générale.

Arrivé à ce point, le lecteur se demande sans doute pourquoi mon étude ne montre aucune présence d'arsenic dans les cheveux de Napoléon, alors que toutes les autres études en détectent, parfois même à des dates où Napoléon était encore général.

*

Voilà la solution de l'énigme. Il existe deux catégories de cheveux de Napoléon coupés après sa mort.

1. La plupart des mèches ont été traitées pour être conservées, après lavage et disposition harmonieuse sous verre, **avec de l'arsenic**.
2. Mais les cheveux destinés à faire des « paniers », prélevés par Marchand, étaient destinés à être portés sur la peau : ils ont été conservés avec du sulfate de cuivre, **en évitant l'arsenic**, dont la toxicité était déjà bien connue.

Pas d'empoisonnement à l'arsenic donc. Et à vrai dire, il n'y a pas non plus de réel mobile. Montholon était certes désireux de quitter l'île, mais dès 1819-1820, personne ne se faisait d'illusion sur la fin proche de l'Empereur. Hudson Lowe était satisfait de ses fonctions et du traitement qui l'accompagnait. Et lord Bathurst gardait une carte en main… si les Bourbons devenaient gênants.

5. Le corps de Napoléon était-il incorruptible ?

Rembobinons le film de l'identification du corps par Joinville et ses collaborateurs. D'après Gourgaud[23] :

Le bout des pieds était blanc, et il paraît qu'ils étaient sortis du bout des bottes à l'écuyère, les coutures de la tige ayant été probablement pourries... Le docteur reconnut entre les pieds, les vases d'argent qui y avaient été déposés. (Saint-Denis est plus précis : «le cœur dans une casserole en argent et l'estomac dans une timbale ou boîte ronde à éponges du nécessaire de l'Empereur »). *Le docteur toucha les mains qui paraissaient fort bien, quoiqu'un peu gonflées. Il dit que le*

---

23. Gourgaud Gaspard, *Le retour des cendres de l'empereur Napoléon*, Arléa, 2003, p. 49.

corps était passé à l'état stéarique... La tête à l'exception du nez qui paraissait avoir été comprimé par le dessus du cercueil, était en parfait état, seulement un peu gonflée. Mais cela n'altérait que très peu ses traits et il aurait suffi d'avoir vu une seule fois l'Empereur pour le reconnaître en ce moment. Le docteur toucha légèrement les chairs de la tête et déclara qu'elles étaient momifiées.

La stéarine est un acide gras autrefois dérivé de la graisse animale, aujourd'hui extrait de l'huile de palme, dont les températures de ramollissement et de fusion sont proches, d'aspect blanc crémeux. Ajoutée à la cire, la stéarine permet à la bougie de brûler plus longtemps, facilite son moulage et lui évite de se fissurer. La stéarine peut même remplacer la cire. L'aspect stéarique dont parle Guillard est donc un aspect qui rappelle la cire de bougie.

Le 15 octobre 1840, le valet de chambre Marchand, qui faisait partie de l'expédition de *La Belle Poule* venue ramener les restes de Napoléon en France, témoigna :

Le Dr Guillard, de la frégate, qui n'avait omis aucune des précautions touchant l'exhumation, prit (la coiffe) vers les pieds et la roula religieusement jusqu'à la tête, laissant voir à nos regards étonnés le corps de l'Empereur parfaitement conservé.

Voici maintenant le rapport du Dr Guillard :

Le caveau ayant été ouvert, j'y suis descendu, au fond était le cercueil de l'Empereur, il reposait sur une large dalle, assise elle-même sur des montants en pierre. Les parois du caveau n'offraient pas la plus légère trace d'humidité... La caisse extérieure était fermée par de longues vis, il a fallu les couper pour enlever le couvercle, dessous était une autre caisse en plomb, close de toutes parts, elle enveloppait une autre caisse en acajou parfaitement intacte, venait enfin une quatrième caisse en fer-blanc dont le couvercle était soudé sur les parois... Les membres supérieurs étaient allongés, l'avant-bras et la main gauche appuyant sur la cuisse correspondante, les membres inférieurs légèrement fléchis ; la tête un peu élevée, reposant sur un coussin, le crâne volumineux, le front haut et large se présentaient couverts de téguments jaunâtres, durs et très adhérents ; tel paraissait aussi le contour des orbites dont le bord supérieur était garni de sourcils. Sous les paupières se dessinaient les globes oculaires qui avaient perdu peu de choses de leur volume et de leurs formes ; ces paupières complètement fermées, adhéraient aux parties sous-jacentes et se présentaient dures sous la pression des doigts, quelques cils se voyaient encore à leur bord libre ; les os du nez et les

5. Le corps de Napoléon était-il incorruptible ?

téguments qui les couvrent étaient bien conservés, les lobes et les ailes seules avaient souffert.

Les joues étaient bouffies, les téguments de cette partie de la face se faisaient remarquer par leur toucher doux, souple et de couleur blanche ; ceux du menton étaient légèrement bleuâtres ; cette teinte-là s'empruntait à la barbe qui semblait avoir poussé après la mort ; quant au menton lui-même, il n'offrait point d'altération et conservait encore ce type propre à la figure de Napoléon ; les lèvres amincies étaient écartées, trois dents incisives, extrêmement blanches, se voyaient sous la lèvre supérieure qui était un peu relevée à gauche.

*Les mains ne laissaient rien à désirer ; nulle part la plus légère altération. Si les articulations avaient perdu leur mouvement, la peau semblait avoir conservé cette couleur primitive qui n'appartient qu'à la vie. Les doigts portaient des ongles longs, adhérents et très blancs. Les jambes étaient renfermées dans les bottes, mais, par la suite de la rupture des fils, les quatre derniers orteils dépassaient de chaque côté. La peau de ces orteils était d'un blanc mat et garnie d'ongles. La région antérieure du thorax était fortement déprimée dans la partie moyenne, **les parois du ventre dures et affaissées.***

Les membres paraissaient avoir conservé leurs formes sous les vêtements qui les couvraient ; j'ai pressé le bras gauche, il était dur et avait diminué de volume.

Au mamelouk Ali maintenant :

Le premier cercueil est intact mais humide et même mouillé à la partie inférieure... Quand le couvercle est ôté, on aperçoit le cercueil de fer blanc qui est oxydé presque en totalité, c'est-à-dire rouge de rouille... On désirait avoir les deux vases qui renfermaient le cœur et l'estomac mais comme ces objets sont sous les jambes et qu'il faut pour les ôter, déranger celles-ci qui devraient naturellement souffrir du déplacement, on aime mieux laisser les choses telles qu'elles sont... Le corps est en général dans un état de conservation auquel on était loin de s'attendre.

Emmanuel de Las Cases :

[...] ses deux mains surtout paraissaient appartenir à quelqu'un de respirant encore, tant elles étaient vives de ton et de coloris ; l'une d'elles, la main gauche, était un peu plus élevée que la droite, le Grand Maréchal, au moment où le cercueil se refermait, l'avait baisée et n'avait pu la replacer dans sa position première... Comme un homme mort de la veille, tel nous retrouvâmes le corps de l'Empereur. Pendant vingt années qu'avait donc fait la mort ? Pendant vingt années, la mort avait respecté sa dépouille.

5. Le corps de Napoléon était-il incorruptible ?

Janisch, le secrétaire officiel d'Hudson Lowe :

Il était en excellente condition et semblait avoir été presque miraculeusement préservé... l'apparence de tout le corps était celle de quelqu'un qu'on venait d'enterrer.

*

Donc, dix témoins, présents en 1821, ont vu Napoléon sur son lit de mort et, en 1840, l'ont reconnu : le général Bertrand et son fils Arthur, les serviteurs Marchand, Saint-Denis dit Ali, Pierron, Archambault et Noverraz, les Anglais Seale, beau-père de Janish, et Andrew Darling, enfin Hodson, surnommé Hercule. À noter que la base du premier cercueil baignait dans l'eau et que le dernier cercueil en fer-blanc était oxydé. Rappelons-nous bien ces détails.

*

Après la mort, la peau d'un cadavre devient livide, d'abord dans la région cervicale puis partout, en un à deux jours. Une rigidité apparaît au bout de 6 h et disparaît en 48 h. Lorsque le corps du cadavre commence à se putréfier, les bactéries anaérobies transforment les protéines en putrescine et cadavérine. Le visage devient boursouflé, des phlyctènes sous-cutanées se forment puis éclatent, le corps devient vert, la tête noire, les cheveux, ongles et poils se détachent. Quatre ou cinq ans après la mort, les parties molles ont entièrement disparu.

La bonne conservation du corps de Napoléon est stupéfiante. L'absence d'altération de la peau, en particulier au niveau des mains, est une énigme. Le Pr George Bishopric[24], qui enseigne l'anatomopathologie à la faculté privée de médecine de Miami, a répondu par écrit, en 2021, à nos questions sur ce point : *Ici, en Floride, par une température de 90 °F (33° Celsius), en six mois le corps est réduit à l'état de squelette. Avec les températures un peu moins chaudes de Sainte-Hélène et les cercueils hermétiquement fermés, j'imagine que le corps de Napoléon a pu se conserver un peu moins mal. Mais une vingtaine d'années plus tard, il fallait s'attendre au mieux à un masque d'Halloween et non pas à un faciès de héros*[25].

Or quel produit chimique permet de conserver les corps et est d'ailleurs utilisé à cette fin en taxidermie ? L'arsenic !

Oui, mais il aurait fallu des concentrations d'arsenic très fortes, bien supérieures aux doses de l'empoisonnement.

Faut-il y voir un cas d'incorruptibilité comme certains saints ? Mon confrère Philippe Bornet l'a suggéré, mais il

---

24. Communication personnelle.
25. BORNET Philippe, *Napoléon et Dieu*, Via Romana, 2021, p. 172.

5. Le corps de Napoléon était-il incorruptible ?

n'y croit pas lui-même, car Napoléon est peut-être mort en catholique, mais il n'était certainement pas un saint.

*

Il reste une dernière possibilité : la formation d'*adipocire*? De quoi s'agit-il? Souvenez-vous de ce que disait le Dr Guillard parlant d'aspect « stéarique ».

L'adipocire ou gras de cadavre est le nom donné à la transformation des lipides d'un cadavre en une substance savonneuse, grise et blanchâtre, molle et grasse au toucher. L'albumine en se décomposant produit en effet de l'ammoniac qui réagit avec les graisses suivant la règle :

$$\text{base} + \text{graisse} = \text{savon}.$$

Il faut pour cela un corps riche en graisse (Napoléon était en surpoids), la présence d'eau (nous avons vu que le cercueil baignait dans l'humidité) et une absence d'oxygène, ce qui était le cas sous l'enveloppe hermétique de fer-blanc.

Car un cadavre se putréfie habituellement, mais il peut aussi :
- se momifier dans les pays très chauds et secs, le désert égyptien par exemple ;

– se conserver si la température est inférieure à -40 °C, comme dans le film *Hibernatus* ;
– ou se transformer en adipocire, si le corps est inhumé *dans une terre acide, immergé ou confiné dans un espace très restreint.* L'acidité de la tourbe des marais favorise la formation d'adipocire.

« Le cœur qui avait été placé dans du vinaigre a été placé dans un petit vase d'argent ; l'estomac dans un autre vase et les deux ont été mis dans le cercueil à côté du corps », écrit Hudson Lowe dans son rapport du 15 mai 1821 à Wellington. Ce vinaigre n'aurait-il pas fui des deux vases dans le cercueil ?

La formation d'adipocire est aussi malodorante que la putréfaction. Le Pr Yves Chatenet, médecin légiste auprès de la cour d'appel de Poitiers, écrit à ce sujet[26] :

> *Ce quelque chose de blanc enduisant surtout le crâne et le front évoque bien ces filaments mycéliens que l'on retrouve fréquemment à l'intérieur des cercueils anciens, lorsque la putréfaction n'a pas été trop intense... Je constate qu'il n'est pas fait état de liquide dans le fond du cercueil et que les vêtements sont en bon état.*

---

26. CHATENET Yves (Pr), « Le processus de putréfaction », in ROY-HENRY Bruno, *Napoléon, l'énigme de l'exhumé de Sainte-Hélène,*, p. 313.

5. Le corps de Napoléon était-il incorruptible ?

Ce qui n'aurait pas été le cas, si le corps s'était putréfié. Tout cela expliquerait l'état stéarique noté par le Dr Guillard et la conservation du corps apparemment miraculeuse.

J'ajouterai que Guillard note aussi : « La région antérieure du thorax était fortement déprimée dans la partie moyenne ; les parois du ventre dures et affaissées ». La première partie de la phrase est aisément compréhensible puisque le cœur et l'estomac ont été prélevés, mais la seconde ? Ne serait-ce pas que l'intestin a été subtilisé ? Or l'intestin, et les bactéries anaérobies qu'il contient sont à l'origine de la putréfaction. Comment le savons-nous ? Par le témoignage du Pr René Leriche qui le tenait de sir Berkeley Moynihan : lors d'une réception officielle du Collège des chirurgiens en 1927, Moynihan le prit à part et lui dit :

— Venez avec moi, je vais vous montrer quelque chose de rare que personne ne connaît.

Il prit une clef suspendue à une chaînette qui ouvrait un coffre-fort enchâssé dans le mur et en retira un flacon de verre sans étiquette contenant un fragment d'intestin grêle perforé.

— C'est l'intestin de Napoléon[27] !

---

27. Vox Maximilien, *Napoléon*, Le temps qui court, 1959.

6. L'AFFAIRE DES MASQUES

Combien de musées napoléoniens et de collectionneurs possèdent-ils un masque de Napoléon? Des centaines. Beaucoup sont des copies. Beaucoup sont des faux ou parfois des copies de vrais, faussement présentées comme des originaux. Sans compter que le seul soi-disant vrai est en partie un faux.

Mme Chantal Prévost, bibliothécaire de la Fondation Napoléon, s'est attachée (dans trois versions successives publiées dans sa revue) à les recenser et l'on croyait son travail exhaustif, quand mon collaborateur, Philippe Bornet, a déniché encore un masque supplémentaire au Palais Mamming Museum de Méran, dans le Tyrol italien.

La question est donc compliquée. Si elle n'était que complexe, l'analyse pourrait la réduire. Mais le vivant est toujours compliqué. Plutôt que de fatiguer le lecteur avec des dates, des types de matériau et des témoignages contradictoires, je diviserai ce chapitre en trois parties : les masques authentiques, les masques probablement ou partiellement authentiques, les masques manifestement faux. J'ai d'ailleurs le projet de rédiger une monographie entièrement à part sur ce sujet des masques.

A/ Le masque authentique ou masque Antommarchi

Napoléon meurt le *5 mai 1821* à 17 h 49.

Le *6 mai*, les témoins sont frappés de sa beauté : avec ses traits amaigris et reposés, il ressemble au Premier Consul qu'il a été. Napoléon était en effet très beau : il suffit pour s'en convaincre de regarder, au musée Correr de Venise, le buste qu'en a fait Canova. Les sculptures des grands sont toujours flatteuses, mais la mère et les sœurs de Napoléon étaient aussi réputées pour leur beauté.

Madame Bertrand jugea important de réaliser un moulage de ce visage. Mais où trouver du plâtre ? Andrew Darling, le menuisier-tapissier monta à cheval pour aller à James Town. Plus de plâtre. Il ne ramena que des statuettes qu'il fallut broyer. Échec. Un des médecins anglais, le Dr Burton, savait où trouver dans l'île ce gypse avec lequel on fabrique le plâtre (je m'en suis procuré quelques échantillons provenant d'une zone voisine de la piste d'atterrissage). Il courut, avec l'enseigne de vaisseau John Ward et quelques matelots à George Island, et ils y récoltèrent le gypse de nuit, à la lueur des torches.

L'autopsie avait eu lieu pendant ce temps ; le gypse fut calciné en hâte, peut-être avec l'aide du décorateur Payne.

Le *7 mai*, Antommarchi, qui s'était d'abord récusé, et Burton se mirent à l'œuvre. Antommarchi aida Burton et il fera croire par la suite que Burton l'avait seulement aidé.

Le mamelouk Ali le raconte : «Dès que le public s'en fut allé, [ils] se mirent à l'œuvre. Pour faciliter l'opération, on dégagea le cou de l'Empereur en ôtant le col et la cravate et en ouvrant sa chemise. De plus, on coupa les cheveux qui garnissaient encore le front et les côtés... Malgré la mauvaise qualité du plâtre, Antommarchi et Burton réussirent fort heureusement à tirer le moule d'abord de la face, et ensuite de l'autre partie de la tête... ».

Mais les traits de l'Empereur n'étaient plus les mêmes. Bertrand écrivit le jour même : «On a fait le plâtre de la figure de l'Empereur qui était tout défiguré et exhalant une très mauvaise odeur». L'aspect fut jugé «vieillardé» par Marchand. Pour cette raison, de nombreuses personnes refuseront de croire à l'authenticité de ce masque Burton-Antommarchi ou soupçonneront une substitution du corps de Napoléon avec celui de Cipriani. À 19 h, le corps fut déposé dans le premier cercueil.

*

Il faut ouvrir ici une parenthèse et rappeler quelques notions simples de chimie.

Pour faire du plâtre, il faut du gypse qui est calciné à 150 °C et déshydraté avant emploi.

En effet, le gypse est du sulfate de calcium dihydraté, $CaSO_4\ 2H_2O$, et le plâtre est du sulfate hémihydraté, $CaSO_4$ ½ H_2O.

Lorsqu'on hydrate le plâtre, il peut être moulé et conserve sa forme en séchant. Quand on broie des statuettes dites « de plâtre », on obtient en réalité de la poudre de gypse dont on ne peut rien faire puisqu'il ne peut absorber davantage d'eau. Ce qu'a tenté d'abord naïvement Mme Bertrand avec l'ignorant en la matière Antommarchi et le serviable Darling, qui était menuisier et non maçon. Il aurait fallu calciner ce gypse.

Bref, le plâtre est du gypse déshydraté et le gypse du plâtre hydraté. *Stricto sensu*, le revêtement de nos murs et certaines de nos statuettes et décorations sont en gypse (et non en plâtre).

*

Le Dr Burton lui savait tout cela. Avec l'autorisation d'Hudson Lowe, il était parti en bateau au sud-est de Sainte-Hélène, où il savait pouvoir trouver du gypse. Il le ramena et le calcina avec promptitude. Hélas, les traits du mourant, encore si beaux à 8 h, étaient affaissés à 16 ! Avec l'aide d'Antommarchi, Burton réalisa pourtant un moulage de la face, puis un second de la partie arrière du crâne. Puis il se retira, épuisé de sa journée laissant les deux moulages sécher sur place. Le lieutenant Duncan Darroch du 20ᵉ régiment écrivit dans une lettre à sa mère : « J'entrai quand on prenait le moulage de la tête, mais l'odeur était si horrible que ne pus rester. Le Dr Burton le prenait avec le docteur français ».

Le *8 mai,* Burton revint pour faire des positifs. Il chercha à mouler un positif dans le négatif du visage, mais les deux restèrent collés l'un à l'autre. Il eût fallu casser le négatif pour sauver en partie le bloc facial du positif (yeux, nez, bouche et menton). Burton proposa de ne plus rien faire jusqu'au retour en Angleterre et de confier le tout à des professionnels. Tout fut laissé sur place.

Le *9 mai,* Madame Bertrand et Antommarchi subtilisent la partie visage. Lorsque Burton revient pour les obsèques, il devient furieux face à ce qu'il considère comme un vol. Il écrira des lettres à Madame Bertrand et au Grand Maréchal son mari, menaçant ceux-ci d'un procès. Les Français n'ont cependant pas tout à fait tort : il existe ce que nous appelle rions aujourd'hui un « droit à l'image ». D'ailleurs, ne lui ont-ils pas laissé généreusement le creux du crâne, bien intéressant, surtout à cette époque où l'on croit aux théories phrénolo- giques de Gall. Le Grand Maréchal Bertrand répondit dans une lettre : «J'ai vu avec reconnaissance les peines que vous avez prises», mais en ajoutant «vous avez aidé Antommarchi».

Or c'est le contraire qui s'est passé! Burton saute sur sa plume et écrit aux douanes de Londres pour bloquer les bagages de Bertrand et d'Antommarchi à leur arrivée. Arrivé lui-même à Londres quelques jours après les Français, Burton veut faire saisir par huissiers le masque. Mais le juge anglais se déclare incompétent et se contente de la parole du général Bertrand qui fait valoir que le masque est destiné à la mère de Napoléon.

Le moulage est toujours intact. Antommarchi, peut-être avec l'aide de l'artiste Rubidge – mais ceci n'est qu'une simple hypothèse –, avait complété le massif facial central par un front, des oreilles et une boîte crânienne. Le résultat est une *anastylose,* comme en construisent parfois les archéologues, avec les pierres retrouvées et des matériaux de couleur différente de la partie authentique. Mais une anastylose doit être réversible et avouée ; elle facilite la restitution de l'aspect antique du monument. Or Antommarchi n'a rien avoué de cette restitution contestable.

Quant au moule de l'arrière du crâne conservé par Burton, il avait été brisé par lui de rage. Nous le savons par la veuve Ward, qui le confia au *Sharp's Magazine* en 1853.

*

Parlons maintenant des copies initiales, peu nombreuses et autorisées par le général Bertrand.

Bertrand fit faire une **première copie** du moulage original qu'il mit en sûreté à Londres, et écrivit le 1er septembre 1821 : « Cette caisse contient un plâtre de la tête de l'Empereur Napoléon fait d'après le masque exécuté à Longwood par le Dr Antommarchi. Le comte Bertrand l'a déposé chez M. X afin que, si l'original venait à se perdre ou à se briser dans le transport de Londres à Rome, on pût en retrouver la copie. Il ne pourra être disposé du plâtre inclus dans cette caisse, que d'après l'ordre du comte Bertrand, et en conformité aux intentions que Madame, mère de l'Empereur, lui fera connaître ». Mon opinion est que cette première copie resta en Angleterre et qu'elle n'est autre que le RUSI.

Une **deuxième copie** fut réservée pour Canova, le sculpteur, afin qu'il en fît une copie en marbre. Mais Canova ne reçut jamais cette copie.

*

Quant au **moulage original**, où est-il ? Antommarchi l'emporta avec lui aux États-Unis puis à Cuba, et sa famille (représentée par Gérard Azémar), un siècle plus tard, le remit au musée de la Malmaison, d'abord en dépôt, avant que celui-ci n'en fît l'acquisition avec sa « petite malle couverte en peau, contenant une boîte verte ». Selon

6. L'affaire des masques

M. Dancoisne-Martineau, conservateur des domaines français de Sainte-Hélène, il s'agit de la première épreuve positive, constituée à partir de l'empreinte de Burton, car l'analyse du plâtre montre qu'il est grossier.

*

J'ai examiné huit des masques historiques attribués à Napoléon : sur le huitième masque, revenu d'Amérique du Sud et redonné par la famille Azémar, j'ai procédé à des prélèvements en présence de, et grâce à, M. Alain Pougetoux, ancien conservateur du musée de la Malmaison. Il en fut dressé un procès-verbal et le masque devint, à la suite de mes analyses, exposé en permanence en ce musée. La figure 6 (voir annexe) montre le masque donné par la famille Azémar.

Il s'agit bien d'une transformation du masque original moulé par Antommarchi et Burton, le 7 mai 1821[28]. En effet, je trouvai deux poils de sourcils à sa surface. L'un des deux avait été soumis à une traction manifeste dans le sens de la longueur en passant du moule initial au positif. Des débris

---

28. LUCOTTE Gérard, THOMASSET Thierry, POUGETOUX Alain, "The Napoleon mutation 16184T is that found in the HVS1 sequence of the mtDNA extracted from an eyebrow included in the plaster of the Antommarchi death mask of Napoleon", *International Journal of Sciences*, vol. 4, janvier 2018, p. 104-133.

de peau et des pellicules permirent l'analyse de l'ADNmt et confirmèrent la présence de la désormais fameuse mutation 16184T typique de la famille Bonaparte.

Je fis quelques observations secondaires non dénuées d'intérêt. Étaient présentes des particules minérales riches en magnésium, typiques des laves de l'île de Sainte-Hélène. Et aussi des restes de dichromate de potassium utilisé comme décolorant. Enfin, et du plus grand intérêt, des particules de phosphate (caractéristiques du gypse de l'île).

*

Je le répète ; le masque exposé à la Malmaison est, à mon avis, une pièce transformée du véritable et original masque funèbre officiel de Napoléon :

- sa partie centrale est authentique, formée d'un plâtre grossier (comme fabriqué par des amateurs) contenant un aluminosilicate riche en fer, typique de l'île, ainsi que du phosphate ;
- et non la partie périphérique, composée d'un plâtre de Paris, beaucoup plus fin, qu'Antommarchi trouva à Londres[29].

---

29. « Étude minéralogique et chimique du masque mortuaire Antommarchi de Napoléon Ier », *Revue de l'Institut Napoléon*, vol. 214, 2017, p. 27636.

6. L'affaire des masques

B/ Les masques partiellement ou probablement authentiques

Ce que je veux dire par «partiellement authentiques», c'est que le masque a bien été moulé sur le visage de l'Empereur, mais, soit avant sa mort, soit sans autorisation de se prévaloir du titre de masque officiel. Car, comme l'écrivit le major Gideon Gorrequer : «Diverses tentatives pour sa ressemblance furent faites avant et après qu'il [Napoléon] fut habillé».

– Le masque **Noverraz 2** a été proposé trois fois au musée de l'Armée en 1927, 1935 et 1942. Le masque **Noverraz 2** comporte bien des poils de Napoléon. Ce dont j'assurai le propriétaire, M Gottardi, citoyen suisse, qui me le fit expertiser avec l'objectif de le vendre dans l'étude de M. Coutau-Bégarie, ce qui ne put se faire. Il comporte quelques poils de barbe authentiquement napoléoniens comportant l'ADNmt typique des enfants de Letizia. Mon hypothèse serait que Noverraz possédait de tels poils de barbe recueillis lors de la toilette mortuaire et les a fait implanter sur les joues du masque par un spécialiste. À moins qu'il n'ait moulé le masque pour son compte personnel, avant que Marchand n'ait rasé l'Empereur. Noverraz aimait beaucoup Napoléon : lorsqu'il sut son maître à l'article de la mort, bien qu'alité et malade, il se leva et s'habilla pour le voir une dernière fois vivant. La figure 4 (voir annexe) montre le masque Noverraz 2.

– Le masque **RUSI ou Corso**. Le RUSI aurait fait partie des collections du prince d'Essling puis fut vendu par un certain Louis-Charles de Bourbon à Charles Alder, lequel le donna en 1953 au Royal United Service Institution (RUSI), une société de réflexion stratégique créée par Wellington. Le conservateur en possession du RUSI le vendit en 1970 et la société Forman Piccadilly Limited le revendit au collectionneur américain Corso, lequel s'en défit en 2004 pour 13 000 $. La figure 5 (voir annexe) montre le masque RUSI.

J'ai étudié ce masque, connu aussi sous le nom de *Death-Mask of Napoléon*, ainsi que ses échantillons prélevés, à l'aide d'un logiciel de reconnaissance des visages, en microscopie optique et électronique avec microfluorescence aux rayons X, sans compter la détermination par l'ADNmt.

Le visage du masque RUSI est différent de tous les autres par la boursouflure de la peau et l'affaissement des chairs ainsi que par le rajeunissement des traits dû à l'hypopituitarisme – une anomalie glandulaire – dont il était peut-être atteint[30]. La comparaison avec un dessin inédit de Marchand montre une totale similitude entre

---

30. FRUGIER Jean-Raymond (Dr), *Napoléon : essai médico-psychologique*, Albatros, 1985.

6. L'affaire des masques

les deux profils : courbure du front, région inter-sourci-lière, arête et pointe du nez, région de la narine, départ de la lèvre supérieure, aplatie sur le masque en raison de la hauteur de celui-ci et la hauteur de la lèvre.

La qualité du plâtre est excellente surtout dans la zone centrale : aiguilles de gypse fines en paquets resserrés. Le microscope électronique avec microfluorescence montre des poils fins avec des rangées d'écaille de 5μ donc typiquement humains. Le poil n° 3 a un bulbe, ce qui permet de chercher de l'ADN mitochondrial : celui-ci présente en effet la mutation 16 184 T.

Mon opinion, défendue dans un article récemment publié[31], est que le RUSI serait la copie déposée par le comte Bertrand chez « M.X ».

– Le masque de **Baden** aurait été moulé du vivant de l'Empereur pour être offert au roi de Rome et Antommarchi l'aurait apporté à Marie-Louise. Mais Marie-Louise le donna à son chirurgien, Anton Rollet de Baden en 1830. Celui-ci devait fonder le Rollettmuseum et y déposer ce masque avec la collection du phrénologue Gall.

– Citons encore le masque **Borella**, du nom de son propriétaire qui tenta de le vendre au musée de l'Armée en 1938.

---

31. Lucotte Gérard, Jullien Frans, Thomasset Thierry, "The RUSI mask is an authentic replicate of the original death mask of Napoleon", *International Journal of Sciences*, vol. 12, janvier 2023, p. 55-68.

– Le masque **de l'Ermitage** à Saint-Pétersbourg est apparu en 2015. Il appartenait au fils d'Eugène de Beauharnais, beau-fils de Napoléon.

– Enfin, un masque en papier mâché, le masque du comte **Pasolini**, réalisé avec du papier délayé dans du lait de chaux, a été cité par Antommarchi dans un discours à La Nouvelle-Orléans en 1837. Pasolini l'aurait acheté au général Giuseppe Lechi. Tout ce que je peux dire en leur faveur est qu'il n'est pas encore prouvé qu'ils soient faux.

– Plusieurs masques sont en Amérique du Sud, à Bogota, Caracas ou Santiago de Cuba. Parmi ceux-ci, figurent probablement de nombreux masques de la souscription Antommarchi, dont fait partie à mon avis l'exemplaire de la collection Archambault, le cocher. Ce sont, dans le meilleur des cas, des copies du masque Antommarchi. En effet, Antommarchi fit réaliser d'autres épreuves après 1833 (certains prétendirent qu'il brisa ensuite l'original, commettant ainsi un crime contre l'Histoire, pour valoriser les épreuves qu'il comptait vendre en souscription).
Antommarchi lança en effet une souscription nationale avec prospectus et encarts de presse. Une commission *ad hoc* réunissait des noms prestigieux : Bertrand bien sûr, mais aussi Gourgaud, un Murat, un prince de la Moskowa et un duc d'Elchingen. Prix de l'exemplaire en bronze : 100 francs. En plâtre : 20 francs.

Le nombre de copies ainsi fabriquées est inconnu. Louis-Philippe, à lui seul, en fit acheter 25. Antommarchi finit par vendre ses droits de reproduction aux fondeurs Richard et Quesnel, en 1834. (Ces droits passèrent ensuite à Susse frères, en 1936.) L'œuvre était encore au catalogue en 1855. Le mouleur, un certain Massimo, écopa de huit mois de prison ferme pour avoir abusé de la confiance de certains acheteurs, à qui il avait fait prendre la copie pour l'original. Côté Angleterre, la maison Colnaghi & Co était chargée de la commercialisation.

Une des copies fut achetée par le prince Demidoff, mari de la princesse Mathilde, fille de Jérôme, une autre est passée dans la collection de lord Rosebery, une encore est au musée d'Antibes, une enfin au musée de l'Armée. Les contemporains furent déçus d'un visage ressemblant si peu au reste de l'iconographie. Anatole France présenta Antommarchi comme un «Italien, apothicaire de comédie, bavard et affamé». Les phrénologues, disciples du Dr Gall, ne trouvèrent pas à Napoléon la bosse du génie et pour cause.

C/ Liste des masques manifestement faux

– Le masque **Exeter** qui proviendrait du Dr Arnott, celui-ci l'aurait reçu d'Antommarchi. Mais pourquoi diable, Antommarchi aurait-il fait un cadeau à un concurrent?

– Les masques **Gilley 1 et 2** proviendraient du colonel Gilley, officier de garde à Sainte-Hélène. Mais on doute qu'il ait réellement séjourné dans l'île, car il ne figure pas dans la liste des officiers présents en 1820, donc six mois seulement avant le décès de Napoléon. Le **Gilley 1** apparut seulement en 1950 et le **Gilley 2** en 1961. Ce dernier serait un cadeau du frère d'Hudson Lowe. L'ennui c'est que Lowe n'avait qu'une sœur. Ces deux masques sont à la Maison Bonaparte à Ajaccio. Ils sont en plâtre de Paris comme j'ai pu le démontrer, ce qui prouve qu'ils sont faux, car le plâtre disponible à l'époque à Sainte-Hélène était de qualité médiocre. De plus, comment pourrait-il exister deux masques authentiques, proposés sans sourciller par la même personne? Aussi absurde que le crâne de Voltaire enfant décrit par Alphonse Allais!

– Le masque **Boys** aurait appartenu au pasteur Richard Boys qui revint en Angleterre en 1829. Il fut vendu 170 000 £, mais le ministère bloqua son exportation. Si l'Angleterre y croit, tant pis pour elle.

– Le masque **Sankey** apparaît en 1915 et porte le nom du petit-fils du pasteur Boys. Les partisans de son authenticité soutiennent que le masque Burton aurait été complété grâce au peintre Rubidge, qui dessina l'Empereur sur son lit de mort.

6. L'affaire des masques

- Le masque **Noverraz 1** est en plâtre et fût donné en 1997 par une descendante du domestique de Napoléon au musée de Lausanne. Si **Noverraz 1** est authentique alors **Noverraz 2** est faux, et inversement.

- Le masque **Arnott**. Le Dr Ganière a écrit : « Le Dr Arnott assurera avoir pris lui-même une empreinte en cire de l'impérial visage alors que, dans la nuit du 5 au 6 mai, il avait été laissé avec le cadavre ». Ce serait donc un masque funéraire authentique, mais non officiel.

  Qui est le Dr Arnott ? C'est un des rares médecins anglais, en fait irlandais, que Napoléon a accepté à son chevet. L'Empereur avait noté son sens aigu de l'observation et lui avait offert une tabatière. Arnott, dont l'œil professionnel était en effet perçant, avait remarqué la minuscule cicatrice de variolisation de Napoléon.

  Hudson Lowe lui avait donné l'ordre de ne pas quitter le corps de Napoléon après le décès. Arnott aurait donc réalisé son moulage avec de la cire à modeler, et non de bougies, en l'absence de l'abbé Vignali et des domestiques. Tout ceci sans autorisation, car Arnott quitta Sainte-Hélène en avril 1822 sans avoir parlé du moulage, qu'il aurait pourtant signé et daté en laissant l'empreinte de son pouce. Mai est écrit avec un I et non un Y comme c'est le cas en anglais et le mot Arnott n'a qu'un T, mais uniquement par manque de place. L'écriture est semblable à celle d'une lettre écrite à Lowe en septembre 1821, et qui se trouve au Record Office à Londres sous le numéro CO 247/32.

*

Et maintenant, suivez-moi bien si vous voulez y comprendre quelque chose. En 1827, le roi Jérôme devint propriétaire du moulage acheté par son beau-frère, le roi de Wurtemberg, pour 3 000 livres sterling. La même année, il fut volé par un Bavarois, le capitaine Winneberger qui l'exposa pour le vendre dans une galerie de Londres au 454 Oxford Street.

Winneberger est arrêté. En 1855, *The Illustrated London News* d'avril, puis un livre de Watson publié à Londres signalent son existence. Napoléon III décide de payer la caution de 4 000 £ exigée pour la remise en liberté de Winneberger et récupère l'objet.

En 1871, le coffret, capitonné de velours rouge, a-t-il échappé aux flammes de l'incendie des Tuileries ? En 1895, la revue américaine *Mac Clure's magazine New York* publie un article du baron de Saint-Pol, intime de Jérôme et de Napoléon III, qui l'affirme et révèle toute cette histoire.

Le masque, si l'on en croit l'article, a probablement été volé par un attaché d'ambassade nommé Schropp, habitué des Tuileries et familier de tout le Gotha allemand, profitant de la présence d'un régiment bavarois au palais. Schropp s'installa à Nice dans un hôtel particulier, mais en 1914, il retourna en Allemagne, laissant le masque à son valet, Combes. Lorsque ce dernier reçut l'ordre de faire suivre le masque en Allemagne, il hésita... jusqu'en 1923. Combes n'avait aucune nouvelle du baron Schropp (dont l'intention, nous le savons maintenant, était de l'offrir à un musée de Nice) et n'avait pas reçu son salaire depuis des années. Il confia alors le moulage à son ami, le naturaliste Rouppert, qui l'exposa rue de l'École de Médecine à Paris.

En juillet 1923, le journaliste Henri Simoni écrivit : « On peut le voir dans une boutique de l'École de Médecine à Paris ». Mais il disparaît à nouveau en novembre 1931, pour reparaître chez un autre antiquaire, Lucien Ebstein. Combes, malade, demanda à Ebstein de le vendre. En 1929, un collectionneur américain, Mr Alfred Pardee, dont l'épouse née Marie-Antoinette Ruelle était française, l'acheta. Son ami, le comte Bélénet, était aussi un ami du baron Schropp, et se souvenait parfaitement du masque qui figurait sur la cheminée du baron. Bélénet donna sa parole à Pardee qu'il était authentique. Ce masque Arnott a aujourd'hui quitté la France, mais reste cependant toujours propriété des descendants Pardee.

Voici mes arguments pour dire que ce masque est faux.
1. Arnott mourut en 1855 et un de ses neveux assura qu'il niait lui-même être l'auteur du masque qu'on lui attribuait.

2. J'ai étudié ce masque. Il n'est pas de cire, mais de toile de lin recouvert de plâtre mêlé à une poudre de limaille de fer qui lui donne un ton rose. La cire ne compose que la couche superficielle et elle est blanchie à la céruse et au sulfate de baryum, qui évite le brunissement en vieillissant. Or ces particules d'oxyde de fer ne furent fabriquées qu'à partir de la Révolution industrielle (dès 1850).

3. Il n'y a d'ailleurs pas qu'un seul masque de type Arnott, mais... cinq. Par exemple, celui de Munich dont l'historique ressemble à celui du précédent : un grand nom de l'Histoire provoque l'admiration de l'acheteur potentiel (celui de l'empereur Alexandre Ier), une longue suite de propriétaires permet de brouiller les pistes et le fameux capitaine bavarois réapparaît sous le nom, non plus de Winneberger, mais de Wilneberger. Le Pr Stadmuller, de grande réputation à l'époque, le considérait pourtant comme authentique.

7. Napoléon était-il français[32] ?

La question peut choquer, mais nous ne sommes pas les premiers à nous la poser.

— Mais, en somme, vous êtes des nôtres, vous êtes italien ? disait Louis Ier, souverain d'Étrurie, à Napoléon.

— Je ne suis pas italien, je suis français, répliquait avec force Napoléon.

Ajoutons qu'en ce début de XIXe siècle, le mot Italie ne correspond à aucune nation. La péninsule est divisée entre le royaume de Naples au sud, les États du Saint-Siège au centre et le royaume de Piémont-Sardaigne au nord. Le reste se disperse entre la Toscane, le Milanais rattaché à

---

32. Le lecteur attentif se reportera à la bibliographie finale comportant six articles sur l'haplotype du chromosome Y de Napoléon, dit M34, sa répartition dans le monde, son profil autosomique et l'étude de certains de ses descendants.

l'Autriche, Venise avec ses possessions de terres fermes et quelques principautés minuscules.

L'Italie faisait évidemment partie de l'Empire romain, mais elle ne fut jamais qu'un groupement de cités alliées ou sujettes, inféodées à Rome. Encore à la fin de la République romaine, la rive gauche du Pô semblait une frontière naturelle séparant la latinité de territoires plus ou moins celtes. Milan, Brescia, Vérone furent fondées par des Gaulois et la civilisation romaine ne s'y étendit que tardivement, alors que notre Provence et notre Languedoc étaient solidement arrimés à la République romaine depuis des siècles. Le Provençal fut donc latinisé bien avant le Milanais ou le Vénitien. Ajoutons que le sud de la botte fut colonisé par les Grecs et que la Toscane, l'ancienne Étrurie, diffère profondément du Latium.

L'Italie, quand Bonaparte conduisit son armée au-delà des Alpes en 1796, n'était encore qu'un rêve, comme lorsqu'elle était apparue aux compagnons d'Énée fuyant Troie pour trouver une nouvelle patrie :

Jamque rubescebat stellis aurora fugatis,
Cum procul obscuras colles humilemque videmus
Italiam.
Italiam primus conclamat Achates ;
Italiam laeto socii clamore salutant.

Déjà l'aurore rougissait, les étoiles fuyant,

Lorsque nous vîmes au loin les collines obscures et la plate Italie.

L'Italie ! s'écria le premier Achate ;

L'Italie ! saluent nos compagnons avec un cri joyeux...

Ce sont ces vers fameux de Virgile dans l'Énéide, livre III, qui revinrent à l'esprit de Napoléon lorsqu'il dicta à Sainte-Hélène le passage suivant :

« En janvier [1795] [Napoléon] passa une nuit sur le col de Tende, d'où, au soleil levant, il découvrit ces belles plaines qui déjà étaient l'objet de ses méditations. *Italiam ! Italiam !* »[33]

L'Italie n'était donc qu'un rêve, mais un rêve partagé. « Mon origine m'a fait considérer par tous les Italiens comme un compatriote. Quand Pauline épousa le prince Borghèse, il n'y eut qu'un cri dans cette famille et ses alliés à Rome comme à Florence : c'est bien, c'est entre nous, c'est une de nos familles ». Au moment du couronnement, le parti italien l'emporta sur le parti autrichien avec cette considération d'amour propre : « Après tout, c'est une famille italienne que nous imposons aux barbares pour les gouverner : nous serons vengés des Gaulois ».

Ce rêve d'unité, Napoléon Bonaparte l'a instrumentalisé à son profit. Peu de gens le savent : il y eut une

---

33. *Commentaires de Napoléon Ier,* Imprimerie impériale, tome 1, p. 66.

République italienne dont Napoléon Bonaparte fut le premier président avant d'être sacré roi d'Italie, mais elle se limitait à une partie de la plaine du Pô. En janvier 1802, une assemblée constituante ayant été réunie à Lyon, trente députés furent élus pour désigner le président de la République cisalpine. Bonaparte n'eut qu'une voix au premier tour et Melzi vingt-cinq. Heureusement, Talleyrand intervint et Melzi eut le bon goût de se retirer ; Bonaparte fut élu.

*

Le lendemain, le Premier Consul harangue la foule et demande qu'on fasse lecture de la Constitution de la République cis... cisalp...

— Italienne, italienne, scande la foule dans un enthousiasme irrésistible.

— Eh bien, oui, italienne lâche-t-il sous les hourras[34].

Bonaparte aime d'ailleurs tant l'Italie naissante qu'il lui annexe le Piémont en 1802. Puis, en 1805, ayant reçu la couronne de fer des rois lombards, il rentre à Paris en faisant un détour par Gênes. Au palais du doge, il écoute d'une oreille favorable le discours de celui-ci : « Les changements survenus... rendent notre existence isolée des

---

34. FOURNOUX Amable (de), *Napoléon et Venise, L'aigle et le lion*, éditions de Fallois, 2002.

plus malheureuses... Veuillez nous accorder le bonheur d'être de vos sujets ». Ce fut une sorte d'*Anschluss* avant la lettre, le Génois devenu souverain de la France annexant son pays d'origine.

Encore aujourd'hui, le souvenir de Napoléon Bonaparte est vénéré à Milan, lui qui a libéré la ville des Autrichiens en 1796, mais les Vénitiens le détestent pour avoir mis fin à leur république millénaire (ils ont même récemment soustrait des yeux des visiteurs du musée Correr sa statue par Canova) ainsi que les Tyroliens, qui se sont toujours sentis proches de l'empire des Habsbourg et gardent un très mauvais souvenir de l'occupation de leur province par ses alliés bavarois.

*

Si Napoléon n'est pas italien, serait-il corse ? Il semble l'être par son père dont les ancêtres sont anciens d'Ajaccio depuis des générations, mais les Bonaparte viennent d'un rameau toscan chassé de Florence lors des guerres entre guelfes et gibelins, rameau qui s'est installé à Sarzane, aux confins de la Toscane et de la Ligurie, avant de passer à Ajaccio au XVIe siècle. Le père de Napoléon, Charles, pour faire entrer son fils à Brienne avait produit des titres de noblesse qui le rattachaient aux Bonaparte de Toscane, une famille illustre.

7. Napoléon était-il français ?

Napoléon serait-il corse par sa mère à laquelle il est redevable de dizaines de cousins à Boccognano, son aïeule maternelle est une Pietra-Santa de Sartène ? Mais Letizia, née Ramolino, est elle-même originaire d'une famille italienne, celle des comtes de Coll'Alto ou Collalto qui remonte au Xe siècle. Les Collalto, qui le disputent en ancienneté aux Capétiens, furent comme eux toujours souverains et indépendants sur leurs terres et prirent le parti de l'empereur contre le pape.

En définitive, Napoléon serait un Corse d'origine toscane. Mais lui ? Que dit-il ?

Je suis plus champenois que corse, car dès l'âge de neuf ans, j'ai été élevé à Brienne. Cela eut bien déplu aux Français si je m'étais entouré de Corses ; au contraire, je voulais absolument être français quoique la Corse, située entre la France et l'Italie, puisse être la patrie de celui qui régnerait sur les deux. Néanmoins, de toutes les injures qui étaient répandues contre moi dans tant de libelles, celle qui m'était le plus sensible était de m'entendre appeler Corse. L'île de Corse au fond n'est pas française quoiqu'on y parle français. Je ne suis pas corse : j'ai été élevé en France, je suis donc français et mes frères aussi... À Lyon, une fois, un maire, croyant me faire compliment, me dit : C'est étonnant, Sire, que n'étant pas français vous aimiez tant la France et fassiez autant pour elle. *Ce fut comme s'il m'avait donné un coup de bâton! Je lui tournai les talons... Je suis italien ou toscan plutôt que corse.*

Cette Corse paoliste qui l'a chassé avec sa famille en 1793. Cette Corse qui, lors du plébiscite conférant au Premier Consul le titre d'empereur, vota *oui* avec un enthousiasme modéré. Encore aujourd'hui, quand on parle avec un peu de chaleur de Napoléon à un Corse, le plus souvent votre interlocuteur garde un silence poli. Napoléon n'a-t-il pas dit de la Corse : « C'est une verrue que la France a sur le nez. Si l'on pouvait l'enfoncer dans les profondeurs de la mer, il faudrait le faire » ?

Résumons : Napoléon se veut français, mais admet être d'origine toscane et renie la Corse. La génétique peut-elle donner la clef de cette énigme ? La réponse se trouve dans l'étude de l'haplotype du chromosome Y de Napoléon.

*

J'avais donc obtenu du musée de Châteauroux l'accès au fameux reliquaire de Vivant Denon, comportant, outre quelques cheveux, trois poils de barbe, à la base desquels, pour deux d'entre eux, se trouvait un follicule calcifié, donc des cellules avec noyau (ce qui n'est pas le cas des globules rouges) et par conséquent de l'ADN.

L'ADN est le constituant principal des chromosomes : 23 paires de chromosomes, chaque paire comportant un chromosome venant du père et l'autre de la mère. Une de ces paires détermine le sexe : XX pour la femme et XY pour l'homme. L'individu est un mâle, car il a reçu lui-même ce chromosome Y de son père qui le tenait de son père et ainsi de suite par ordre patrilinéaire. Si bien que le chromosome Y a parfois été surnommé le chromosome d'Abraham. Il contient des gènes qui provoquent entre autres le développement des testicules.

Comme tous les chromosomes, il est constitué d'une suite de gènes qui peuvent être identifiés. Une plaque d'immatriculation en quelque sorte. Ces gènes peuvent muter (changer) et la mutation se caractérise alors par une certaine fréquence dans la population générale. Un chromosome Y comporte certains gènes dans un certain ordre avec certaines mutations. Un haplotype est déterminé par une première catégorie de marqueurs génétiques qui correspond à des substitutions de bases de l'ADN ; un haplogroupe est composé de tous les haplotypes ayant en commun une deuxième catégorie – qui correspond à des répétitions de groupes de bases – de marqueurs génétiques. Certains haplotypes sont plus fréquents dans certaines ethnies et certaines régions du globe que dans d'autres et forment autant d'haplogroupes.

Or, comme on va le voir, sur la partie du chromosome Y qui se recombine avec l'X, est déterminé un haplotype dit

E1b1b1c1 (voir figure 7 en annexe) qui va se comporter comme la pierre de touche de l'identification génétique des membres mâles de la famille Bonaparte.

Mais comment obtenir cet haplotype à partir d'un follicule pileux? J'utilisai d'abord, pour examiner mes précieux poils de barbe, un microscope électronique muni d'un générateur de rayons X. Un faisceau de rayons X peut être dirigé sur un point quelconque du prélèvement observé et donner le spectre atomique correspondant. Cet examen laissait voir, à la base de deux poils (sur les trois en ma possession) une zone riche en calcium et phosphate contenant probablement du tissu organique et donc de l'ADN.

À l'observation, ces poils étaient bien des poils de barbe, car :
- ils étaient d'un diamètre plus important que celui des cheveux ;
- leur section était anguleuse du fait du passage en force du rasoir qui les incline ;
- les rangées d'écailles étaient très rapprochées les unes des autres, ce qui dénote une croissance rapide.

À la base des poils, je notai des traces de savon à barbe et de petits morceaux d'acier industriel (car riche en chrome et en manganèse) provenant du rasoir, *des cellules sanguines*, et des tissus cornés et desséchés correspondant à la gaine folliculaire entourant le bulbe du poil.

Ces zones riches en calcium et phosphate furent isolées et incubées à une température convenable, avant d'être plongées dans une solution lysante (c'est-à-dire permettant, par la destruction des membranes cellulaires, l'extraction de l'ADN). Les précautions classiques furent prises pour ne pas contaminer le prélèvement avec l'ADN du technicien (gants, masques). La technique de la PCR permit ensuite de dupliquer l'ADN trouvé jusqu'à obtention d'un nombre suffisant de molécules[35]. L'haplotype de Napoléon put ainsi être déterminé par l'utilisation de la première catégorie de marqueurs.

*

Le prince Napoléon, descendant de Jérôme, frère de Napoléon (son chromosome Y devrait donc être le même que

---

35. Lucotte Gérard, Thomasset Thierry, Hrechdakian Peter, "Haplogroup of the Y Chromosome of Napoleon the first", *Journal of Molecular Biology Research*, vol. 1, n° 1, décembre 2011, p. 12-19.
Les marqueurs génétiques utilisés lors de cette étude sont des SNP ("single nucleotide polymorphisms" ou polymorphismes d'un seul nucléotide) qui étaient déjà connus dans la littérature scientifique. Après avoir déterminé que l'ADN extrait des follicules contenait bien un chromosome Y, l'utilisation successive de 10 SNPs :
— M125, M174, M35, M33, M123, M81 et M78, afin de déterminer les principaux rameaux,
— puis M34, M84 et M290 pour déterminer la différenciation terminale, a permis de préciser que l'haplogroupe était E1b1b1c1,
— M3 étant le marqueur ultime.

celui de Napoléon Bonaparte et de son père Carlo Bonaparte)
se prêta volontiers à un frottis buccal pour comparaison. Ce
qui nécessitait un certain courage, car j'aurais pu m'aper-
cevoir que sa lignée historique était en fait illégitime. Mais
non, Charles Bonaparte, né en 1950, fait bien partie de la
quatrième génération descendant de Jérôme Bonaparte, le
plus jeune frère de Napoléon, roi de Westphalie. Ce frottis
permit d'établir ce que l'on appelle son profil Y-STR (basé sur
des marqueurs dits microsatellites), constitué dans ce cas de
37 marqueurs génétiques. Il n'y avait plus qu'à comparer les
deux haplotypes : celui déterminé d'après le poil et celui de
Charles (Voir figure 8 en annexe).

Ils étaient **identiques pour 3 marqueurs clés** (DYS19,
DYSICAIIa et DYSICAIIb déterminés chez Napoléon) et
comportaient chez Charles ceux de l'haplogroupe E1b1b1c1,
dont le marqueur final de différenciation est E-M34 (ainsi
que M84 et M290 absents).

*

Où trouve-t-on E-M34 ? En Europe du sud et Afrique du
nord ; ainsi sa fréquence monte à 6,6 % en Sicile. Il est aussi
fréquent en Éthiopie et au Proche-Orient.

Il se divise en sous-groupes : sous-groupe A parmi les
populations allemandes et espagnoles, B parmi les populations arabes peuplant le pourtour du golfe persique, C

constitué de Britanniques et d'Irlandais, D1 chez les Juifs ashkénazes et D2 au Proche-Orient et en Turquie.

Il est possible de dater l'ancienneté de ces cinq haplogroupes, car des mutations se produisent immanquablement et leur nombre est proportionnel à la durée : soit 3 850 ans. Le sous-groupe européen aurait 3 525 ans. Il y aurait donc eu migration vers l'Europe à partir de populations du Moyen-Orient (Liban, Syrie, Palestine et Turquie) présentes depuis le Ve millénaire av. J.-C. L'haplotype napoléonien était présent sur les bords de la mer Morte dans l'actuelle Jordanie ; il a conquis le sud-est et le nord-ouest de l'actuelle Turquie, est passé en Grèce et dans les Balkans puis, de là, il a atteint la Sicile et la Calabre, Naples, Sarzane et Ajaccio[36].

Les figures 9 et 10 en annexe montrent les fréquences de M13 (le marqueur SNP terminal de la différenciation) au Moyen-Orient, en Italie continentale, Sicile, Sardaigne et Corse.

*

---

36. Lucotte Gérard, Diéterlen Florent, "Frequencies of M34, the Ultimate Genetic Marker of the terminal differenciation of the Napoleon the First's Y Chromosome Haplogroup E1b1b1c1, in Europe, Northern Africa and the Near Est", *International Journal of Anthropology*, 2014, vol. 29, n° 1-2, p. 27-41.

Nous savons que parmi les ancêtres paternels de Napoléon, qui sont connus jusqu'à la 17ᵉ génération, figurent Guglielmo Bonaparte qui vivait à Sarzane, au XIIIᵉ siècle, et son lointain descendant Giovanni Bonaparte vivant au XVᵉ siècle, lequel s'installa à Ajaccio et fit souche. Encore neuf générations et on aboutit à Carlo Bonaparte, père de Napoléon.

La figure 11 (en annexe) donne l'ascendance paternelle de Napoléon sur 17 générations.

Napoléon connaissait parfaitement ses ancêtres, comme tout aristocrate qui se respecte. Il confia un jour au Dr Antommarchi, son dernier médecin :

« Mon plus ancien ancêtre qui habitait la Toscane avait ces mêmes principes politiques que je professe aujourd'hui ».

C'est-à-dire qu'il était gibelin, partisan de l'empereur contre le pape, favorable au Saint-Empire romain germanique, désireux de fédérer et d'unifier toutes ces cités antiques, aussi jalouses de leur indépendance que du temps de Rome, et de leur imposer l'autorité impériale.

— Que pense Votre Altesse de tout ceci, demandai-je au prince Napoléon ?

— Cela ne m'étonne guère, mon cher Professeur. Savez-vous quel était le surnom de Francesco Bonaparte ?

— Le fils de Giovanni qui eut le premier contact avec la Corse ? Ce mercenaire au service de la république de Gênes ?

— Lui-même. Il était surnommé… « Le Maure de Sarzane ».

Voilà une autre manière de comprendre le drapeau corse : le Maure n'est pas seulement l'ennemi séculaire qui ravage les côtes de la Corse, mais parfois aussi celui qui y fait souche.

*

Les ancêtres de Napoléon venaient de cet Orient lointain qui donna naissance à de grands conquérants comme Alexandre, Artaxerxès, Mahomet et j'en passe… Cela explique-t-il sa fascination pour l'Égypte ? Son projet de se mettre au service du Grand Turc avant le 13 vendémiaire ? Sa conquête de Malte ?

Ni totalement italien ni complètement français, Napoléon est naturellement désigné pour régner sur les deux nations, et pour remplacer ces empereurs germaniques au service desquels ses ancêtres gibelins se sont si souvent placés. Ceindre la couronne de fer des Lombards, remplacer les Habsbourg, s'emparer de leur titre de roi des Romains, épouser leur fille et vassaliser l'Europe, y compris les pays de la Confédération du Rhin : voilà le programme du nouveau Charlemagne.

Ce tempérament de conquérant et son choix de l'impe-
rium, il les a puisés dans son atavisme. Jean-Claude Valla[37]
l'avait bien compris :

*Maintes fois, Napoléon s'est posé en successeur de
Charlemagne... Or c'est cette nostalgie de l'empire qui
permet de comprendre l'aventure napoléonienne... Fils
indigne des Lumières, Napoléon s'est servi des utopies
de 1789 avant de chevaucher des mythes qui en étaient
la plus éclatante négation.*

Dans *Le Grand Empire*, Jean Tulard[38] confirme : « Le
lien qui rattache à l'Empereur les pays, non annexés mais
dépendants, n'est ni fédératif ni fédéral, il est tout simple-
ment vassalique : l'Empereur est le suzerain des rois de
l'Europe. Le système familial s'intègre sans problème à
cette conception carolingienne de l'Empire ».

37. VALLA Jean-Claude, *La nostalgie de l'Empire, une relecture de l'histoire napoléonienne*, Dualpha, 2004.
38. TULARD Jean, *Le Grand Empire*, Albin Michel, 1982.

8. Qui sont les descendants de Marie Walewska

Déchiffrer l'ADNmt de Napoléon était un bon début, mais pouvait-on aussi s'attaquer au chromosome Y et en tirer des conclusions sur d'autres de ses descendants que Charles ? Ce chromosome permet de certifier les filiations familiales et dynastiques, quelles que soient les incertitudes (n'est-ce pas Mesdames !) de l'état civil.

Prenons, par exemple, le cas de Marie Walewska, « l'épouse polonaise de Napoléon ». Marie Walewska naquit en 1786 dans une famille de la noblesse polonaise. Le père de Marie, engagé dans les Légions polonaises, avait participé en 1794 à l'insurrection contre la Russie. Mais celle-ci avait abouti au troisième partage de la Pologne en 1795 et il était mort de chagrin et de ses blessures. Sa mère, devenue veuve, engagea un précepteur français pour élever sa fille, Nicolas Chopin, le père du musicien. À 14 ans, elle entra au couvent Notre-Dame-de-l'Assomption à Varsovie, pour y recevoir une éducation de bonne famille. À 17 ans, elle épousa le comte Walewski d'une famille illustre et chambellan, mais quasi septuagénaire, dont elle aura un fils. Marie est belle, douce et modeste.

En 1806, Napoléon occupe le territoire polonais. Marie a vingt ans et paraît à un bal organisé par Talleyrand. Elle danse avec l'Empereur. Le lendemain, Napoléon lui fait porter un gigantesque bouquet de fleurs avec une lettre : « Je n'ai vu que vous, je n'ai admiré que vous, je ne désire que vous ». Rapidement, tout Varsovie est au courant. De nombreux patriotes polonais pensent qu'elle devrait profiter de la situation pour plaider la cause de la Pologne. Même son mari consent à fermer les yeux. Marie se sacrifie au Moloch.

Les deux amants se retrouvent trois mois au château de Finckenstein. Ils semblent qu'ils aient été très épris l'un de l'autre. Marie plaide pour sa patrie, mais Napoléon résiste avec douceur ; il ne consent qu'à fonder un grand-duché de Varsovie. Alexandre naît de leurs amours le 4 mai 1810 ; il deviendra le ministre des Affaires étrangères de Napoléon III. Il est reconnu par le comte Walewski et Napoléon le fera comte, en dotant richement sa mère. Marie divorça de son mari couvert de dettes, bien que catholique, pour protéger la fortune de son fils. Elle se considéra sa légitime épouse jusqu'à sa mort. Puis, en 1813,

Marie s'installa près de Paris. En 1814, elle rendit visite à Napoléon à l'île d'Elbe. Enfin, elle épousa le comte d'Ornano, lointain cousin de Napoléon. Elle mourut à 31 ans, d'une toxémie gravidique liée à sa dernière grossesse.

Dans ses *Mémoires,* elle décrit sa liaison avec Napoléon comme « un sacrifice fait à son pays ».

Au cimetière du Père-Lachaise, une urne contient encore son cœur.

*

Le comte Walewski, son fils, fut une célébrité du Second Empire. Il eut une maîtresse également très connue, la tragédienne Rachel.

Née en 1821 d'un couple de colporteurs juifs alsaciens, Rachel s'installa avec ses parents à Paris et, enfant de la balle habituée à jouer et danser devant le public, elle entra au Français dès 17 ans. Un de ses premiers rôles fut celui de Camille, dans *Horace* de Corneille. Ce fut un triomphe. La fantasque Rachel devint riche et célèbre.

Le beau prince de Joinville, celui-là même qui devait aller chercher les restes de Napoléon en 1840, lui fit parvenir une lettre où il avait écrit ces seuls mots : « Où, quand, combien ? », lettre à laquelle elle riposta du tac au tac : « Ce soir, chez moi, gratuit ».

Walewski, devenu son amant attitré, arriva un soir en avance, son manteau trempé et transi de froid. Puis, escomptant qu'il était sec, il voulut le reprendre lui-même et, ouvrant le placard où il séchait, y trouva... un hussard.

Le comte Walewski serait le père d'un autre Alexandre né en 1844. Rachel mourut de tuberculose à seulement 36 ans, fin malheureuse et romantique, bien digne d'une tragédienne. Elle fut un modèle indépassable pour Sarah Bernhardt. Son corps est dans le carré juif du Père-Lachaise.

À partir d'Alexandre, la lignée française des Walewski aboutit à l'actuel comte Alexandre Colonna Walewski. Pendant trois générations, les Walewski français se sont préoccupés d'industrie mécanique et sidérurgique. Le comte a aujourd'hui transmis son entreprise à ses fils, la société Touax SCA, entreprise de location et gestion d'équipements logistiques comme des conteneurs, cotée sur Euronext et valorisée à hauteur de 55 millions d'euros.

Or il y a quelques années, le comte Walewski s'est vu refuser le dépôt de son titre au Sceau de France, acte administratif qui garantit contre les usurpations. À sa grande déception, malgré un appel, le Conseil d'État (en 2012) trancha en sa défaveur, jugeant à partir du Code civil de 1812, au motif que son ancêtre, amant de Rachel, n'avait eu qu'un enfant naturel. Le comte, ulcéré, eut beau protester que son ancêtre Alexandre, Antoine, avait été reconnu, bien que tardivement, rien n'y fit. Il était encore sous le coup de la déception quand je fis sa connaissance et qu'il m'invita à son domicile.

*

Le comte avait été immédiatement intéressé par mes premiers travaux, dont il avait eu vent précédemment. Cultivant la discrétion (et la prudence, il s'était soigneusement renseigné sur mon compte), il me reçut avec son épouse dans son appartement de Neuilly avec une simplicité vraiment charmante. Probablement ulcéré, à bon droit, de la remise en cause du titre hérité de son glorieux ancêtre, il vivait comme une compensation de pouvoir établir génétiquement sa filiation. J'appris de sa bouche l'histoire des Walewski français, qui n'ont que peu à voir avec les Walewski polonais. Le comte tient un blog sur le sujet[39]. La branche française est constituée de capitaines d'industrie comme le Second Empire en a tant connu.

J'ai alors montré que Charles Bonaparte et le comte Walewski partageaient pratiquement le même haplogroupe. En comparant le chromosome Y des deux lointains cousins qui partagent le même ancêtre, Carlo Bonaparte (père de Napoléon), sans partager les mêmes options politiques, je me fixai un double but : établir

____

39. colonnawalewski.ch

la filiation Walewski, car les débordements sexuels de Rachel nous causaient quelque inquiétude, et tenter de reconstituer les marqueurs Y-STR du chromosome Y de Napoléon Ier.

Je renommai mes deux sujets CN et ACW, pour Charles Napoléon et Alexandre Colonna Walewski. Deux grands noms de l'Histoire réduits à des initiales de plaque minéralogique : décidément, la Science ne respecte rien !...

En examinant la partie non recombinante de leur chromosome Y, je pus étudier une centaine de Y-STRs ou *Y-short tandem repeats*, en français *séquences microsatellites*[40]. Ces séquences sont constituées, par la répétition sur le chromosome, de motifs identiques, généralement de 2 à 4 nucléotides.

Les séquences microsatellites peuvent exister sous des formes alléliques différentes : nous l'avons déjà vu au sujet du profil Y-STR de Charles-Napoléon. Ces valeurs alléliques différentes sont caractérisées par des chiffres correspondant aux nombres de répétitions des motifs identiques : une sorte de bégaiement de l'ADN !

Pour rappeler ce qu'est l'allèle d'un gène, je prendrai un exemple connu, celui des groupes sanguins ABO déterminés par un gène du chromosome 9. Ce gène peut

---

40. Lucotte Gérard, Macé Jacques, Hrechdakian Peter, "Reconstruction of the Lineage Y Chromosome Haplotype of Napoleon the First", *International Journal of Sciences*, septembre 2013, vol. 2(9), p. 127-139.

prendre la forme de l'allèle A ou de l'allèle B, ce qui permet la formation en surface du globule rouge de marqueurs antigéniques dits A, B ou d'aucun, que l'on note alors O. Les deux allèles proviennent l'un du père et l'autre de la mère. Si les allèles sont A/A ou A/O, le groupe sanguin sera A. Si les allèles sont B/B ou B/O, le groupe sanguin sera B. Si les allèles sont A/B, le groupe sanguin sera AB et si les allèles ne sont ni A ni B, le groupe sanguin sera O.

*

Or les séquences microsatellites ont des valeurs alléliques semblables chez CN et ACW dans 131 cas et différentes seulement dans 6 cas.

Conclusion : Charles Napoléon et Alexandre Colonna Walewski sont trop semblables pour ne pas avoir un ancêtre commun. Rachel n'a pas trompé son amant et le comte Walewski descend de Napoléon, bien que son ascendance passe par deux enfants naturels, il a parfaitement le droit moral de porter le titre de comte que l'Empereur avait décerné à son ancêtre.

Et nous fêtâmes cette bonne nouvelle en buvant un jus d'orange versé des propres mains de la comtesse. De la comparaison des 133 valeurs alléliques des séquences microsatellites entre CN et ACW, il a été possible d'en inférer celles de Napoléon qui n'étaient précédemment connues que pour 3 d'entre elles.

*

Le regard bleu perçant d'Alexandre lors de nos entretiens m'incita à entreprendre plus tard une nouvelle étude sur une mèche de cheveux de Napoléon récoltée en 1811, fournie par le célèbre collectionneur belge Pierre d'Harville (un éminent spécialiste de Napoléon Ier, depuis plus de trente ans). Je procédai, à partir des pellicules couvrant ces cheveux, à une étude du gène qui code la couleur des yeux et de ceux qui déterminent celle des cheveux et de la peau[41]. Les pellicules ne sont pas des cellules de la peau, mais de grosses cellules dont la prolifération est causée par une bactérie. De leurs noyaux, il est possible d'extraire une plus grande quantité d'ADN que des cheveux mêmes, ce qui permet l'étude d'autres gènes[42].

Napoléon avait la peau blanche, les yeux clairs (bleus ou plutôt bleu clair) et les cheveux blonds tirant sur le roux

41. LUCOTTE Gérard, MACÉ Jacques, THOMASSET Thierry, "Napoleon the First, a Corsican with pale skin, clear eyes and red hair: DNA evidence for these phenotypic traits", *International Journal of Sciences*, vol. 10, juillet 2021, p. 1-5.
42. LUCOTTE Gérard, BOUIN WILKINSON Alexandra, "An autosomal STR profile of Napoleon the First", *Open journal of Genetics*, vol. 4, 2014, p. 292-299.

(voir figures 12 et 13 en annexe). Cette rousseur est déjà visible en microscopie optique. Les cheveux de la mèche de 1811 sont roux et fins, en moyenne de 55 µ de diamètre.

*

Je me suis entretenu avec Mme Nicole Garnier, conservatrice du musée Condé à Chantilly, de l'aspect physique de Napoléon, que beaucoup s'imaginent comme un Corse de type méditerranéen aux yeux bruns, aux cheveux foncés et au teint basané. Le tableau le plus intéressant, du point de vue de l'exactitude historique, est celui de François Gérard, peint en 1803 d'après nature selon Nicole Garnier : le Premier Consul est pâle avec des yeux bleus et des cheveux aux reflets roux (voir figure 14 en annexe). Cette rousseur est attestée par Denis Davydov qui le rencontra à Tilsit en 1807, et par lord Lyttleton en 1815.

Napoléon utilisait vraisemblablement une teinture pour foncer ses cheveux et en atténuer la rousseur. Vers la fin de sa vie à Sainte-Hélène, il se négligeait et ne se teignait plus, d'où certaines caricatures anglaises qui le représentaient roux.

9. Des descendants de Lucien Bonaparte aux États-Unis !

Connaissez-vous Peter Hrechdakian ? Non, sans doute. Il est pourtant connu dans la communauté arménienne. Ce producteur d'engrais préside aux destinées de Unifert Group SA, basé à Bruxelles. Hrechdakian est un passionné de l'histoire et des traditions arméniennes. Ce fut lui qui me mit sur la piste de Mike Clovis[43 44 45].

43. LUCOTTE Gérard, MACÉ Jacques, HRECHDAKIAN Peter, "Reconstruction of the Lineage Y Chromosome Haplotype of Napoleon the First", *International Journal of Sciences*, vol. 2(9), septembre 2013, p. 127-139.
44. LUCOTTE Gérard, HRECHDAKIAN Peter, "New Advances Reconstructing the Y Chromosome Haplotype of Napoleon the First based on three of his living descendants", *Journal of Molecular Biology Research*, vol. 5(1), 2015, p. 1-10.
45. LUCOTTE Gérard, HRECHDAKIAN Peter, SAVARD Denis, "Towards a full-length Y-Chromosome DNA Sequence of Napoléon the First: beyond the E-M34 SNP subhaplogroup", *Austin journal of genetics and genomic research*, vol. 2(2), 2015, p. 1-4.

Mike Clovis est un citoyen américain. Il est le cinquième descendant de Lucien Bonaparte, frère cadet de Napoléon. Lucien, plus jeune de six ans que Napoléon, partageait avec son frère aîné la passion de la politique. Lucien était incontrôlable : en 1794, il avait épousé la fille de son aubergiste, Christine Boyer, sans la permission de sa famille. Son rôle dans le succès de la journée du 18 brumaire fut déterminant : il présidait Le Conseil des Cinq-Cents. Devenu ministre de l'Intérieur en 1799, il devint veuf en 1800. Une de ses principales missions, en 1799, avait été la falsification des résultats du plébiscite sur la constitution de l'an VIII. Lucien fut nommé ambassadeur en Espagne, mission où il ne respecta pas toujours ses instructions. Son frère étant sans enfant, il se croyait des droits à lui succéder, surtout sur un trône qu'il lui avait permis de conquérir. En 1803, il épousa Alexandrine Jacob de Bleschamp, alors que Napoléon voulait lui faire épouser la reine d'Étrurie. Il quitta Paris en 1804, après une dernière explication orageuse avec son frère. Idem en 1807, il refusa de divorcer. En tentant de gagner l'Amérique, il fut arrêté par les Anglais, qui le retinrent trois ans. En 1814, il retourna à Rome où le pape le fit prince de Canino. En 1815, il se réconcilia avec Napoléon *in extremis* et lui proposa une dictature de salut public. Avec l'insuccès que l'on sait.

De son premier mariage, Lucien n'eut que des filles, et le second fut très prolifique ; il eut, entre autres, Louis-Lucien né en 1813, à Thorngrowe, en Angleterre. Le *Dictionnaire Napoléon* indique que celui-ci épousa la fille du sculpteur Cecchi en 1833, et qu'ils se séparèrent en 1850 sans postérité.

Eh bien, c'est faux! Louis-Lucien Bonaparte eut comme fils Louis Clavering Bonaparte (1859-1894), lui-même père de Valentine (! ?) Clavering George Clovis (1883-1979), père de Cyril Abel Clovis (1925-2009), père de Mike Clovis né en 1948.

Notre étude montre que le profil Y-STRs de Mike Clovis (MK) partage 93 valeurs alléliques avec ceux de CN et de ACW, 7 valeurs diffèrent[46].

*

Existe-t-il des hommes porteurs d'un chromosome Y ressemblant à celui de Napoléon à Sarzane en Italie[47]? Sarzane, sur les bords de la Magra, près de La Spezia, nous l'avons vu, est le berceau des Bonaparte. Or une étude sur la répartition des marqueurs SNPs en Italie, menée par mon collègue Marco Grappi, a montré qu'il existe dans

---

46. L'étude ADN des pellicules de la mèche de 1811 a permis de déterminer 18 valeurs alléliques du profil Y-STRs de Napoléon. Des marqueurs spécifiques aux lignées sont apparus : DYS545 pour Jérôme, DYS442 dans celle de Lucien et DYS712 et DYS481 pour Napoléon selon la lignée directe étudiée chez Alexandre Walewski.
47. Lucotte Gérard, Grassi Marco, « Sarzane et le profil ADN de Napoléon », *Napoléon Ier*, hors-série n° 31, décembre 2019, p. 89-95.

9. Des descendants de Lucien Bonaparte aux États-Unis !

cette région trois individus identifiés comme M34. Porter le marqueur M34 signifie avoir une parenté quelconque avec Napoléon. L'un d'entre eux, l'abbé *Cipollini*, dont l'ascendance a pu être remontée sur quinze générations, a été comparé à Mike Clovis, Charles Napoléon et Alexandre Colonna Walewski (voir figure 15 en annexe). Le pourcentage d'homologie est de 88,7 % sur 106 marqueurs avec Mike Clovis. Même chose pour *J.Pennuci* et *A.Arrighi* : 83,8 % et 75 % d'homologie avec Mike Clovis, mais sur seulement 37 marqueurs.

Ces trois sujets italiens descendent donc de familles alliées à celles de Bonaparte. Or nous savons historiquement qu'au début du XVIe siècle, une centaine de familles provenant pour l'essentiel de Sarzane furent envoyées du continent pour peupler Ajaccio[48].

---

48. La firme américaine Family Tree DNA (ftDNA), avec laquelle je collabore régulièrement, a proposé dès 2013 une technologie consistant à séquencer tout l'ADN du chromosome Y. Cette technologie a donc été utilisée pour le chromosome Y de Mike Clovis.

Il est nomenclaturé dans la banque de données correspondante sous l'acronyme E-PH3893. Au total, 55,25 % de la séquence de son chromosome y a été obtenu et le nombre de valeurs alléliques aux marqueurs STRs de son profil a été déterminé pour un total de 491 marqueurs. Tous les variants SNPs et les valeurs alléliques du profil Y-STRs déterminés lors de mes études précédentes ont été confirmés. Dans un premier temps, la séquence du chromosome Y de Mike Clovis a été comparée à celles de quatre autres individus (déjà présents dans la banque, dont les séquences Y étaient proches).

La comparaison a porté ensuite sur les séquences du chromosome Y de

En France, le pic maximal de fréquence du marqueur M34 dans ma propre étude sur 111 individus est, à Ajaccio, de 8,1 %.

Asseyez-vous à la terrasse du Grand Café à Ajaccio, quand vous avez vu passer douze personnes, l'une d'entre elles est apparentée à Napoléon.

Mike Clovis et de Carlo Cipollini. Leurs séquences, désignées respectivement par YF03109 et Y-F11420, appartiennent au même groupe que celui E-PH3893 qui comporte deux autres individus - un Arménien et un Russe - étudiés depuis).
Mike Clovis et Carlo Cipollini ont en commun les mutations Y59556, Y 58897 et BY36877/Y135092, plus 5 SNPs supplémentaires. Le résumé de ces déterminations figure ci-dessus.
Il est possible d'estimer la date d'origine de la lignée commune entre Mike Clovis et C.Cipollini à 2 900 années. Les plus proches ancêtres communs de MM. Clovis et Cipollini vivaient il y a 1 050 ans environ.

10. Napoléon III était-il le fils de son père ? Était-il le neveu de son oncle ?

Voyons maintenant le cas du futur Napoléon III qui naquit en 1808, de Louis Bonaparte, roi de Hollande, et d'Hortense de Beauharnais. L'accouchement par deux médecins réputés de l'époque, Baudelocque et Corvisart, fut suivi de la rédaction d'un certificat attestant que l'enfant était né prématurément. Moins de neuf mois auparavant, Louis et Hortense s'étaient retrouvés à Toulouse et Hortense avait écrit à son frère qu'elle était tombée enceinte à cette date.

Cette naissance donna lieu à de nombreuses rumeurs à l'époque, et furent émis des doutes sur la légitimité de la filiation de Louis Bonaparte. Jérôme, l'oncle du futur Napoléon III lui dit un jour :

— Vous n'avez rien d'un Bonaparte.

Il répliqua avec un humour à froid :

10. Napoléon III était-il le fils de son père ? Était-il le neveu de son oncle ?

— Si. J'ai sa famille.

Pourtant son père Louis n'avait guère de doute sur sa paternité et écrivit dans son testament : « Je laisse tout mon héritage à mon héritier universel, Louis-Napoléon, le seul fils qui me reste ».

*

Je vais maintenant vous présenter un travail qui fit l'objet de ma part d'une conférence aux Invalides, devant les représentants du Souvenir napoléonien, et fut ultérieurement l'objet d'un article très cité du *Figaro*[49].

En étudiant les pellicules d'une mèche de cheveux de Napoléon III fournie par Pierre d'Harville et prélevée après Sedan, lors de sa captivité, je ne retrouvai pas l'haplotype ni l'haplogroupe de Napoléon Ier déjà décrits, mais un autre haplotype[50], typiquement corso-sarde : l'haplotype XII. Cet haplotype, je l'ai retrouvé dans les pellicules d'une autre mèche de cheveux du prince Eugène, fils de Napoléon III, également fournie par Pierre d'Harville. Il concerne 40 % des Corses : 36 individus sur 89 dans la région de Corte.

---

49. MALLEVOÜE Delphine (de), « Et si Napoléon III n'était pas le neveu de l'Empereur ? », *Le Figaro*, 25 avril 2014.
50. LUCOTTE Gérard, PINNA Antoine, MERCIER Géraldine, « Haplotypes du chromosome Y en Corse », *Comptes rendus Biologies*, Académie des Sciences, vol. 325, 2002, p. 191-196.

Paradoxe : Napoléon III a un haplotype Y corse et non Napoléon Ier qui en détient un provenant du Moyen-Orient.

Dilemme : comment expliquer que Napoléon Ier ne soit pas l'oncle de Napoléon III ? Soit le roi Louis n'est pas le père biologique de Napoléon III, soit le père de Louis n'est pas Carlo, mari de Letizia. Hortense a trompé son mari ou Letizia le sien.

Pour trancher, il fallait déterminer l'haplotype de Louis et donc effectuer un prélèvement sur le corps de Louis. Or Louis mourut le 25 juillet 1846 à Livourne. Son corps et celui de son fils Napoléon-Louis (mort en 1831 à Forli) furent rapatriés d'Italie et reposent à côté de Carlo Bonaparte, père de Napoléon Ier et Napoléon-Charles, premier fils de Louis mort jeune en 1807, dans l'église Saint-Leu-Saint-Gilles à Saint-Leu-la-Forêt, nommée Saint-Leu-Taverny jusqu'en 1915.

M. Jacques Macé, alors président du *Souvenir napoléonien* déposa une demande auprès des autorités municipales sans recevoir de réponse positive. Nous voilà donc réduits aux conjectures.

L'haplotype XII est très spécifique d'une zone géographique. Le père de Louis était probablement un Corse de l'île. Où Hortense l'aurait-elle rencontré ?

Dans ses *Mémoires,* Hortense fait preuve d'une candide franchise. À propos des retrouvailles de Toulouse, elle confiait le 22 août à son frère, auquel elle disait tout :

---

10. Napoléon III était-il le fils de son père ? Était-il le neveu de son oncle ?

Je suis avec le roi bien ensemble. Je ne sais pas si cela durera. Je l'espère, car il a le désir d'être mieux pour moi et tu sais que je n'ai rien fait pour être mal. Enfin, Louis ne présente aucune ressemblance avec ses frères.

Ce sont les trois raisons pour lesquelles j'opte pour l'autre solution : que Napoléon III est bien le fils de Louis (ce dont beaucoup doutaient sous le Second Empire), mais que Louis n'est que le demi-frère de Napoléon. Leur seul ancêtre commun étant Letizia Ramolino. C'est elle qui a eu un enfant illégitime, et non la reine Hortense.

La réputation de Letizia, en femme de devoir, en sort un peu écornée, mais la vérité historique y trouve son compte. Comme disait Léonard de Vinci : « Le vrai vaut toujours mieux, aussi maigre soit-il ».

*

Pouvons-nous pour autant considérer que le père de Louis est Marbeuf, le gouverneur de l'île ? Letizia n'avait-elle pas emporté avec elle le portrait de Marbeuf, quand elle avait été chassée de Corse en 1793 ? Je ne crois pas : Louis, Charles, René de Marbeuf était breton. Napoléon avait bien les cheveux blonds tirant vers le roux comme on voit sur un tableau de Bacler d'Albe et sur celui de Gérard, mais en raison d'une mutation du gène MC1R appelé D294 H. Or la population celtique (en Irlande, par exemple), quand elle est rousse, est généralement porteuse d'une autre mutation dite R160W.

11. A-t-on émasculé l'Empereur ?

Dans les affaires d'Antommarchi se trouvaient quelques restes corporels de Napoléon ; pour un médecin, ce sont d'intéressantes pièces anatomopathologiques, pour les compagnons d'infortune de Napoléon, c'étaient des reliques. L'une d'entre elles, avec des ornements liturgiques et un legs de 100 000 F, revint à l'abbé Vignali. Napoléon aimait beaucoup ce prêtre corse mal dégrossi. Vignali était docteur en médecine ; pour cette raison, lors de l'autopsie, Antommarchi le prit pour secrétaire.

Voici ce que dit le mamelouk Ali dans ses *Mémoires* : « Le drap sur lequel venait d'être faite l'opération était teint de sang dans beaucoup d'endroits, il fut coupé par la plupart des assistants et chacun en eut un morceau, les Anglais en prirent la plus grande partie ». Cette remarque est intéressante ; elle montre que tous les assistants sont conscients de vivre un moment historique et souhaitent conserver une relique de l'événement.

«Avant de coudre le corps, Antommarchi, saisissant le moment où les yeux anglais n'étaient pas fixés sur le cadavre, avait extrait d'une côte deux petits morceaux qu'il avait donnés à Vignali et à Coursault»[51]. Antommarchi, en agissant ainsi, donnait une relique à l'abbé Vignali, reconnaissance de la peine qu'il avait prise à faire le secrétariat.

Ce fragment anatomopathologique resta dans la famille Vignali jusqu'en 1916, date à laquelle il fut vendu à l'antiquaire anglais Maggs Bros. Il devint en 1924 la propriété du collectionneur américain Abraham Simon Wolf Rosenbach (1876-1952), pour 400 £. Rosenbach l'avait acheté comme un «tendon momifié prélevé sur le corps de Napoléon lors de l'autopsie», sur la foi du texte de Louis-Étienne Saint-Denis (1788-1856), dit Mamelouk Ali.

*

En 1927, la pièce fut exposée au Musée d'Art Français de New York. Curieusement, le bruit se mit à courir qu'il s'agissait d'un pénis et son exposition rencontra un grand succès dans le public féminin qui eut, c'est du moins la presse de l'époque qui le dit, du mal à étouffer ses fous rires.

---

51. MAMELOUK Ali, «Mémoires», *Revue des Deux Mondes*, septembre 1921, p. 640.

Elle fut vendue au bibliophile Donald Frizell Hyde (1909-1966) puis revint aux successeurs de Rosenbach, avant de passer dans les mains du collectionneur Bruce Gilmeson qui tenta de la vendre en 1972. C'est cependant seulement le 26 octobre 1977 qu'elle fut acquise pour 3 000 $ chez Drouot par l'urologue américain John Kingsley Lattimer.

*

Lattimer était passionné de souvenirs militaires et historiques. Il avait été chargé de la santé des criminels de guerre jugés à Nuremberg en 1946 et avait conservé quelques cordes de pendus célèbres. En 1963, il avait aussi participé à l'enquête sur l'assassinat de Kennedy et gardé un morceau du tissu de la voiture où le président américain s'était effondré. Lattimer racontait à ses amis qu'Antommarchi s'était vengé des mauvais traitements que lui avait fait subir Napoléon, qui trouvait son service mauvais. Il vivait à Englewood dans le New Jersey et cachait soigneusement la pièce sous son lit, dans un coffret tapissé de velours bleu, surmonté d'un couvercle portant un N couronné. Il prétendait qu'il l'avait examiné au tomodensitomètre (scanner), que les rayons X lui avaient permis de confirmer qu'il s'agissait bien d'un pénis et qu'il se faisait fort de le prouver, au cas où le gouvernement français lui permettrait d'aller vérifier aux Invalides s'il ne manquait pas quelque

11. A-t-on émasculé l'Empereur?

chose au corps de Napoléon. Comment ne pas croire un professeur d'urologie de l'université de Colombia ? Je vois mal pour ma part ce qu'un scanner peut bien apporter comme renseignements intéressants sur des parties molles et quelles informations peuvent nous apporter les rayons X en fait d'analyse histologique. En 2016, la pièce fut revendue par sa fille à un « mystérieux acheteur argentin », ce qui fut remarqué par le *Quotidien du Médecin* dans un de ses articles du 23 juin.

*

Ce mystérieux « Argentin », en fait un Colombien, était M. B. Cao, directeur de musée agissant pour le compte de M. Sou Mong, millionnaire chinois au passeport américain. M. Sou Mong avait signé un chèque avec suffisamment de chiffres pour vaincre les réticences de la fille du Pr Lattimer. Puis, parfaitement informé de mes travaux (en 2018), il avait souhaité entrer en contact avec moi. Une question le taraudait : la pièce du fonds Vignali était-elle authentique ? S'agissait-il d'un pénis ? Quelqu'un avait-il osé émasculer le plus grand stratège de tous les temps, le maître du monde, celui que Clausewitz avait désigné comme « le dieu de la guerre en personne » ?

*

Le «pénis» était disposé dans une belle boîte à deux compartiments (figure 16 en annexe), avec un N orné d'une couronne d'or, fabriquée par Sangorski & Sutcliffe : dans un des compartiments, la pièce anatomopathologique, dans l'autre deux enveloppes contenant ce qui semblait être des poils ou des cheveux que j'eus l'occasion d'étudier ultérieurement. M. B. Cao m'envoya trois fragments du soi-disant pénis (figure 17 en annexe) pour analyse.

Je procédai d'abord à un examen au microscope électronique à balayage, capable d'utiliser les rayons X pour analyser le spectre atomique de l'image point par point. Parallèlement, je réalisai une extraction de l'ADN que j'amplifiai par PCR. Le produit fut purifié sur gel d'agarose et séquencé (pour la région hypervariable 1 de l'ADN mitochondrial). Ces échantillons présentaient des stries longitudinales, typiques des cellules musculaires (voir figure 18 en annexe). Ils étaient riches en calcium et phosphore (voir figure 19 en annexe). **Il s'agissait donc de cartilage ou de tendon**, et pas de pénis. Par séquençage, je retrouvai aussi la mutation caractéristique 16184T dans les fragments A et B. En conclusion, un reste authentique de l'Empereur, mais un tendon et non un pénis.

Vignali avait hérité ces reliques et le descendant de sa sœur les avait vendues en 1916. Le catalogue de Maggs Bros décrivait dans son catalogue un «un tendon momifié» ; et c'était la vérité. Un autre échantillon revint à Coursault et se trouve aujourd'hui au musée de la Malmaison dans un cylindre de verre, que j'ai pu examiner et photographier.

Mon article sur le sujet parut en 2022[52] et M. Sou Mong fut très satisfait des résultats de mes travaux. Je le vis en personne à Paris en mars 2023 ; je crois qu'il souhaite produire un film documentaire sur Napoléon.

J'avais utilisé les deux échantillons pour l'analyse ADN. Je disposai encore du troisième que j'allais consacrer à une nouvelle étude. Celle-ci allait bouleverser tout ce que nous tenions pour assuré sur les causes de la mort de Napoléon.

---

52. Lucotte Gérard, Borensztajn Stéphan, "SEM-EDX and mtDNA analyses of the penis of Napoleon", *International Journal of Sciences*, vol. 11(5), mai 2022, p. 15-21.

12. Napoléon a-t-il été exilé sur une terre insalubre dans l'intention de le faire mourir ?

Il nous faut d'abord examiner si l'île de Sainte-Hélène est insalubre en ce début de XIXe siècle.

Le Dr Barry E. O'Méara s'en est expliqué dans sa *Relation des événements arrivés à Sainte-Hélène postérieurement à la nomination de Sir Hudson Lowe au gouvernement de cette île,* parue à Paris dans sa traduction française dès 1819.

Mais qui est cet O'Meara ? Né en 1786, donc âgé de trente-trois ans en 1819, O'Méara fut assistant-chirurgien au 62e régiment d'infanterie puis chirurgien sur le *Bellérophon* qui mena Napoléon à Sainte-Hélène. Attaché comme médecin à Longwood, il fut malmené par Hudson Lowe à propos des bulletins de santé de l'Empereur, que le gouverneur voulait contrôler, et quitta l'île le 2 août 1818. Dans son testament, on lit : « Je profite de cette occasion pour déclarer qu'à l'exception de quelques insignifiantes et involontaires erreurs dans *The Voice from Sainte-Helena*, le livre est une narration fidèle des traitements infligés au grand homme par sir Hudson Lowe et ses subordonnés, et que j'ai même supprimé quelques faits qui, bien que véridiques, auraient pu être considérés comme exagérés au point qu'on n'y aurait pas ajouté foi »[53]... Or, note O'Méara, l'île souffre d'un problème de ravitaillement en eau : « L'eau qu'on portait à Longwood, pendant les deux, trois mois de l'été, était extrêmement trouble, épaisse et dégoûtante ; je suis persuadée qu'elle contribuait beaucoup à occasionner les dysenteries qui sont si communes dans l'île. Elle est si rare que les soldats du 66e régiment sont harassés de fatigue pour s'en procurer, étant obligés d'en aller chercher à une lieue de leur camp »[54]. Longtemps, Longwood fut sans autre eau que celle apportée par tonneaux, traînés sur une charrette par des Chinois, jusqu'à la fin 1819.

Aujourd'hui encore, le site de l'Institut Pasteur préconise aux touristes, partant à Sainte-Hélène pour un long séjour, la vaccination contre l'hépatite A et B. Il n'existe pas de vaccin contre l'hépatite E. Or les hépatites A et E se

---

53. MARCHAND Joseph, *Mémoires*, publié par Jean Bourguignon et le commandement Henry Lachouque, Tallandier, 1985, T. II, p. 405, parmi les notes.
54. O'MEARA Barry E., *Relation des événements arrivés à Sainte-Hélène postérieurement à la nomination de Sir Hudson Lowe au gouvernement de cette île*, Chaumont jeune, 1819, p. 38.

transmettent par voie oro-fécale en buvant une eau contaminée par des matières fécales. Si le virus de l'hépatite est encore présent sur l'île aujourd'hui, malgré la construction d'un système d'adduction d'eau, on peut imaginer quel était l'état sanitaire il y a près de deux siècles !

De plus, les rats pullulaient à Longwood à un point inimaginable, car la maison était construite à même le sol, une craie argileuse, que seul recouvrait un plancher. Un jour, l'Empereur prend son chapeau : un rat s'en échappe. Or le rat et ses puces transmettent de nombreuses maladies infectieuses : typhus, leptospirose, peste, tularémie, fièvre d'Haverhil, etc.

O'Méara a procédé à l'inspection des registres de la paroisse qui « prouve la vérité de cette assertion : on y voit que très peu de personnes vivent au-delà de quarante-cinq ans »[55].

Les Français ne sont pas les seuls concernés : « J'affirme sur l'honneur, continue O'Meara, que 56 hommes du second bataillon du soixante-sixième régiment, en douze ou treize mois de séjour à Sainte-Hélène, sont morts de la dysenterie ou de l'hépatite »[56].

Et plus loin : « En douze ou treize mois, un bataillon sur 630 hommes en a perdu 56, ce qui fait un sur douze ;

---

55. *Op. cit.*, p. 74.
56. *Op. cit.*, p. 61.

mortalité inouïe dans aucune de nos colonies, où elle ne donne que deux sur soixante-treize »[57].

De même, le *Conquérant*, en juillet 1817, a perdu, en dix-huit mois, 110 hommes sur son complet de 600 (outre 107 matelots renvoyés en Angleterre).

Gourgaud, le 16 avril 1817, note « depuis sept jours, il est mort quatre soldats de la dysenterie »[58]. Et le 28 avril 1817, « Il y a beaucoup de malades en ville ; au camp, plusieurs soldats sont morts »[59].

De plus, comme souvent les îles, Sainte-Hélène a un climat très contrasté suivant que l'on se trouve au vent (humide) ou sous le vent (plus sec). La résidence de Napoléon, Longwood, est exposée au vent, à 1800-2000 pieds au-dessus de la mer (environ 580 m). « Le thermomètre à Longwood marque 53° Farenheit (soit 12° Celsius) jusqu'à 80° (27° Celsius) à l'ombre, 86° (30° Celsius) à trois heures de l'après-midi quand le soleil est au nord-ouest (nous sommes dans l'hémisphère sud). »

Seule végétation, le *Conyza Gummifera* procure peu d'ombre et attire les mouches. Les vents alizés, très humides, soufflent en permanence du sud-est. Cette alternance de température et d'humidité enrhume perpétuellement Napoléon.

---

57. *Op. cit.*, p. 74.
58. Gourgaud, *Journal intégral*, Perrin, 2019, p. 403.
59. *Ibid.*, p. 415.

Qui a tué Napoléon ?

O'Meara l'affirme : « Si lord Bathurst ou sir Hudson Lowe eussent désiré que Napoléon eût été convenablement et aussi agréablement logé qu'on puisse l'être dans cette misérable île, il fallait le loger à la maison de la Plantation qui est la meilleure, ou lui en bâtir une à Rosemary Hall, ou près de celle du colonel Smith où il y a de l'ombre et de l'eau, et où l'on est à l'abri du vent du sud-est »[60].

Plantation House est une vaste maison abritée des vents qui donne par un portique sur une vaste prairie entourée de bois. Installer Napoléon à Plantation House, c'est-à-dire dans la résidence de Hudson Lowe, était la meilleure solution. Lord Bathurst était opposé à cette solution, mais Lowe pouvait passer outre : « J'avais aussi un pouvoir discrétionnaire dont je pouvais user au besoin »[61]. Sainte-Hélène est à 7 500 km de Londres à vol d'oiseau, soit deux ou trois mois de traversée. Lowe ne peut alléguer n'y avoir pas songé, car Napoléon lui fit écrire par Montholon : « Si l'Empereur avait été mis à Plantation House, où sont les beaux arbres, de l'eau, des jardins, il aurait été aussi bien que cette misérable île peut le permettre »[62].

60. O'MEARA Barry E., *Relation des événements arrivés à Sainte-Hélène postérieurement à la nomination de Sir Hudson Lowe au gouvernement de cette île,* Chaumont jeune, 1819, p. 235.
61. LOWE Hudson, *Mémorial de sir Hudson Lowe : relatif à la captivité de Napoléon à Sainte-Hélène,* p. 278.
62. *Ibid.,* p. 67.

Comme Octavien reléguant Lépide près du Mont-Circé, sur la côte du Latium infesté de fièvres, dans l'espérance de libérer rapidement le poste de *Pontifex maximus*, l'Angleterre souhaitait-elle provoquer la mort de Napoléon? Le Directoire ne déportait-il pas en masse ses adversaires en Guyane pour que la « guillotine sèche » du climat et des maladies tropicales l'en débarrassât?

13. De quoi et par la main de qui Napoléon est-il mort ?

Il se trouve ici des répétitions du chapitre 3. Mais comme disait Rivarol, entre l'inconvénient de se répéter et le désagrément de ne pas être clair, il n'y a pas à balancer.

Antommarchi eut l'occasion d'examiner Napoléon pour la première fois, le 23 septembre 1819.

Docteur en philosophie et en médecine de l'université de Pise en 1808, Antommarchi est originaire du cap Corse. Docteur en chirurgie en 1812, il fut nommé prosecteur d'anatomie à l'académie de Pise. Antommarchi avait eu l'occasion de s'entretenir avec O'Méara à Londres, de se documenter et de discuter du cas de son patient avec de nombreux confrères anglais. Jugé désinvolte, présomptueux, il a laissé des *Mémoires* incomplets, puisque manque le premier semestre 1820. J'avoue avoir un faible pour Antommarchi, un homme qui n'avait pas froid aux

13. De quoi et par la main de qui Napoléon est-il mort ?

yeux et n'a pas hésité à franchir les océans pour soigner Napoléon malgré la réprobation unanime qu'il encourrait. Contrairement aux commentaires condescendants venus d'historiens non médecins, Antommarchi était un bon praticien, il était l'équivalent de ce que nous appelons un «prosecteur d'anatomie», titre flatteur donné aux futurs chirurgiens des hôpitaux.

*

Si Antommarchi tire parfois à la ligne, quand il se cantonne à la médecine, il est irremplaçable. Ainsi note-t-il lors de ce premier examen :

> *La partie du lobe gauche du foie qui correspond à la région épigastrique était comme endurcie, extrêmement douloureuse à la pression. La vésicule du fiel était pleine, résistante, faisait saillie au dehors de l'hypocondre droit, près du cartilage de la troisième fausse côte [...]. Napoléon éprouvait un sentiment de malaise extrême à l'épaule droite. Sa respiration devenait plus difficile lorsqu'on exerçait une pression perpendiculaire au scrobicule (fossette) du cœur. Il se plaignait aussi d'une douleur d'intensité variable qui affectait depuis longtemps l'hypocondre droit [...] Il avait des nausées et des vomissements. [...] Les urines, quoique*

*fréquentes, étaient naturelles. D'abondantes sueurs
avaient lieu chaque jour.*

Antommarchi note aussi une langue saburrale, un pouls lent à soixante par minute, une conjonctive jaune, un embonpoint, une toux sèche.

Le Dr John Stokoe, le 19 janvier 1819, avait écrit dans son rapport : « Je suis à présent convaincu que ce viscère [le foie] est gravement affecté ». Pour avoir écrit cela, il fut traduit en conseil de guerre par Lowe et rayé des rôles de la Marine.

Antommarchi, de passage à Londres avant de cingler vers Sainte-Hélène, avait consulté ses confrères anglais, dont le vénérable James Curry qui, ayant délibéré sur les rapports d'O'Méara et Stokoe, avait conclu : « Napoléon est atteint d'une hépatite chronique », recommandant l'usage des mercuriels, médicaments cholagogues, c'est-à-dire facilitant l'élimination de la bile par les voies biliaires.

De plus, le 10 octobre 1819, Antommarchi visitant l'hôpital de James Town, nota : « Ce n'était que dysenteries, hépatites aiguës ou chroniques ».

*

Mais, une autre piste fut suggérée par Napoléon lui-même : le 16 novembre 1819, Napoléon interrogea Antommarchi sur le cancer de l'estomac. Il pensait à son père Charles, mort à

13. De quoi et par la main de qui Napoléon est-il mort ?

Montpellier d'un *squirrhe* au pylore (une tumeur cancéreuse dure au palper) à trente-huit ans seulement :

— Vous ne pensez pas que ce genre d'affection se transmette avec la vie ? »

Le lendemain, Antommarchi le trouva, un livre de médecine à la main, « préoccupé, rêveur... Napoléon craignait d'être atteint de l'affection qui avait conduit son père au tombeau ».

Pendant l'année qui suivit, ce fut une longue succession d'améliorations et de dégradations, émaillée d'incidents plus ou moins graves : érysipèle avec atteinte articulaire, scorbut avec atteinte des gencives...

*

En juillet 1820, l'Empereur pensait s'être rétabli, mais dès septembre 1820, la fameuse douleur de l'hypocondre droit irradiant à l'épaule (de type *phrénique,* comme le savent les étudiants en troisième année de médecine) réapparut et, durant six mois, l'état de santé de Napoléon alla en empirant. L'Empereur était épuisé par le retour de tous ces symptômes accompagnés d'une fatigue et d'une somnolence invincibles. Les extrémités étaient froides.

Le 22 octobre, il se croit un instant guéri, mais dès le 25 octobre, il s'exclame : « Je suis à bout, je le sens, et ne me fais pas d'illusion ».

Le 29 octobre, évacuation de matières assez bien colorées. Si les matières fécales apparaissent ainsi, c'est qu'elles étaient mal colorées auparavant, argument pour la lithiase et contre l'hépatite virale.

1er novembre : la douleur du foie est augmentée. Nouvelle amélioration transitoire.

Le 19 novembre, il gémit : « Le lit est devenu pour moi un lieu de délices, je ne l'échangerais pas pour tous les trônes du monde. Quel changement ! Combien je suis déchu ! Moi dont l'activité était sans bornes, dont la tête ne sommeillait jamais ! Je suis plongé dans une stupeur léthargique, il faut que je fasse un effort lorsque je veux soulever les paupières. Je dictais parfois sur des sujets différents, à quatre, cinq secrétaires, qui allaient aussi vite que la parole, mais alors j'étais Napoléon, aujourd'hui, je ne suis plus rien ».

Le 22 janvier 1821, « tout cela est perdu maintenant je le sens bien, mais pas encore sans ressource ». Il s'essaie à l'exercice en montant à cheval. « Je le vois à présent, [...] mes forces m'abandonnent, la nature ne répond plus comme avant aux sollicitations de ma volonté, les secousses violentes ne conviennent plus à mon corps affaibli ; mais j'arriverai au but que je veux atteindre par un exercice modéré ».

29 janvier 1821 : Napoléon se plaint pourtant amèrement de son médecin : « ... Antommarchi est un ignorant,

13. De quoi et par la main de qui Napoléon est-il mort ?

ce n'est pas un homme sûr. Il redit ce qu'il entend ; c'est violer le premier devoir de son état, il monte la tête de Mme Bertrand. [...], car il a contre lui, cet homme, qu'il est mauvais médecin, qu'il ne saisit pas les finesses, qu'il n'entend pas le français »[63].

Le 9 février, Montholon et Bertrand obtiennent la grâce d'Antommarchi que Napoléon voulait chasser.

*

La dernière course en calèche eut lieu le 17 mars 1821 ; le même jour, la fièvre apparut. Elle ne le quittera presque plus pendant les quarante-huit jours qui lui restent à vivre.

19 mars, après une courte accalmie, réapparition de la fièvre avec frissons.

20 mars : «Il faut nous préparer à la sentence fatale ; vous, Hortense et moi, sommes destinés à la subir sur ce vilain rocher [...] nous nous retrouverons tous trois dans les Champs-Élysées».

Le 25 mars, la fièvre tombe, «l'Empereur parle déjà de guérison prochaine». Napoléon dit ensuite au Grand Maréchal Bertrand que Montholon est malade et avoue qu'il ne peut plus le garder ; qu'il a envie de se faire garder par Vignali. Le Grand Maréchal dit que l'Empereur ne

---

63. MONTHOLON Charles-Tristan, *Récits de la captivité de l'empereur Napoléon à Sainte-Hélène*, tome 9, 1847, p. 629.

peut mieux faire ; que Vignali est d'une forte santé, un peu médecin, que c'est un excellent garde-malade[64].

16 avril : Pouls irrégulier. Il s'est renfermé de deux à quatre heures avec Montholon et Marchand. Il paraît qu'il travaille à ses dernières dispositions. Il fait appeler Vignali et passe trois quarts d'heure avec lui[65].

L'Empereur fait appeler Vignali. Il entre. Il lui remet les trois testaments : «Voici mon testament écrit de ma main. Mettez là votre signature et vos armes, ainsi que sur les boîtes». Vignali s'incline profondément et passe dans la chambre à coucher[66].

Vignali ayant fini, l'Empereur congédie le Grand Maréchal et Vignali reste avec l'Empereur. Le soir, Napoléon dit à Montholon que Vignali avait pris le testament. Il demande ce qu'en dit le Grand Maréchal. «Rien, il n'a pas proféré une parole»[67].

21 avril, Samedi saint :

À 1 h du matin, «l'Empereur, dit Montholon, m'a exprimé le désir de causer avec l'abbé Vignali, et m'a ordonné de le faire appeler, ajoutant :

---

64. Général BERTRAND, *Cahiers de Sainte-Hélène*, Albin Michel, 1949, tome 1, p. 119.
65. *Op.cit.*, p. 122.
66. *Op.cit.*, p. 127.
67. *Op.cit.*, p. 128.

13. De quoi et par la main de qui Napoléon est-il mort ?

— Vous nous laisserez ; mais vous reviendrez dès qu'il sera sorti de ma chambre. Arrangez-vous de manière que l'on ne sache pas que je l'ai vu cette nuit.

J'obéis. L'abbé Vignali resta une heure près de l'Empereur[68] [...]. Il dormait encore à six heures quand Marchand est venu me relever. »

Marchand : « Il s'est trouvé assez de forces pour se lever et passer trois heures, partie à dicter et partie à écrire [...]. À une heure et demie (de l'après-midi), il mande l'abbé Vignali.

— Savez-vous, abbé, ce qu'est une chambre ardente ?

— Oui, sire.

— En avez-vous desservi ?

— Aucune.

— Eh bien, vous desservirez la mienne. »

Le même jour, affirme Marchand, Napoléon dit « qu'il voulait que ces derniers jours fussent conformes au reste de sa vie : l'abbé Vignali dirait la messe et réciterait les prières des Quarante-Heures et lorsqu'il le dirait, il faudrait le laisser seul avec lui ».

22 avril : L'Empereur fait dire la messe. C'est le jour de Pâques.

Le Dr Arnott a des malades à voir et ne peut venir à la messe.

---

68. MONTHOLON Charles-Tristan, *Récits de la captivité de l'empereur Napoléon à Sainte-Hélène*, tome 2, p. 528.

Dans son testament, Napoléon déclare mourir dans la religion catholique où il est né ; il déclare qu'avant sa mort l'abbé Vignali lui donne la communion ; l'extrême-onction et tout ce qui est d'usage en pareil cas ; il lui avait demandé s'il savait bien ce qu'il y avait à faire.

25 avril : vomissements de sang noir mêlé à des aliments.

26 avril : Napoléon commence à délirer. Trous de mémoire. Auparavant, Napoléon n'a jamais déliré.

Le 27 avril, Napoléon dicte la lettre que Montholon devra envoyer à Lowe pour lui annoncer sa mort.

28 avril : Napoléon ordonne à Antommarchi de procéder après sa mort à une autopsie, de bien examiner l'estomac et d'en faire un rapport précis à son fils. Malgré ses répugnances, il change et prend le salon comme chambre à coucher.

29 avril : Montholon tente de lui faire signer un dernier papier. Il ne voit plus le Grand Maréchal qu'il a en face de lui. Bertrand pleure : « Voilà le grand Napoléon, misérable, humble. »

30 avril : Cette nuit, l'Empereur a conservé sa raison. Il s'est réveillé en criant : *Ah ! ah ! la mort !* Il a dit à Montholon : « Mon ami, je suis mort ».

Il n'y a plus de danger immédiat ! Antommarchi avait cru qu'il allait passer, de dix à onze heures[69].

---

69. *Op.cit.*, p. 182.

1er mai : À 2 h de l'après-midi, la fièvre diminue.

Bertrand : « Le Grand Maréchal est sorti à une heure et demie et revient à deux heures et demie. L'Empereur a demandé où il était allé. Dans cet intervalle, M. Vignali a fait dresser l'autel, a passé quelques instants seul avec l'Empereur et lui a donné l'extrême-onction. »

Antommarchi parle du 3 mai, 2 h : « La fièvre diminue. Nous nous retirons. Vignali reste seul, et nous rejoint quelques instants après, dans la pièce voisine, et il nous annonce qu'il a administré le viatique à l'empereur ».

Marchand : « Une demi-heure après environ, l'abbé en sortant me dit : "L'Empereur vient d'être administré, l'état de son estomac ne permet pas d'autre sacrement" ».

Montholon : « Ce matin, au moment où je quittai l'Empereur après avoir écrit sous sa dictée plus de deux heures, il m'a dit de lui envoyer Vignali ; une heure après, la chapelle était dressée et l'aumônier avait commencé les prières des Quarante-Heures[70].

« Dans cet intervalle, M. Vignali a fait dresser l'autel, a passé quelques instants seul avec l'Empereur et lui a donné l'extrême-onction. »

Au sujet de la communion, Ali et Marchand concordent dans leur témoignage en ce qui concerne l'invention de l'abbé Vignali, mandé au chevet de l'Empereur, mais

---

70. MONTHOLON Charles-Tristan, *Histoire de la captivité de Sainte-Hélène*, Brockhaus & Avenarius, 1846.

Marchand précise que l'abbé « en habits bourgeois tenait sous ce même habit quelque chose qu'il cherchait à dissimuler et que je ne cherchais pas à deviner, pensant bien qu'il venait d'accomplir un acte religieux ».

Pourtant Napoléon souhaitait communier[71].

2 mai : Napoléon réitère sa recommandation d'examiner son estomac et de le confronter avec le compte rendu de l'autopsie de son père. Le médecin et les deux généraux sont à bout de forces.

Bertrand : « Au milieu de la nuit, Napoléon veut se lever. Montholon et Vignali le prennent par le bras. Puis Vignali l'a laissé, s'est mis à genoux, a prié »[72]. L'Empereur soupire très haut, avec effort, puis jette : « Mon Dieu! Mon Dieu! Mon Dieu! » Pouls jusqu'à 108. (Le malade est probablement passé en fibrillation auriculaire.)

Montholon écarte Vignali, pendant que les médecins, le Maréchal et Marchand sont dans la chambre. Il reste donc la veillée à régler[73].

3 mai : Amélioration de courte durée.

<hr>

71. « Dernière conversation de Sainte-Hélène : l'Empereur commente son testament », *Revue des Deux Mondes*, XCVII[e] année, septième période, tome 48, 1928, p. 849-875 /Grand Maréchal Bertrand, Ernest d'Hauterive.
72. *Op.cit.*, p. 187.
73. Général BERTRAND, *Cahiers de Sainte-Hélène*, , Albin Michel, tome 1, 1949, p. 188.

13. De quoi et par la main de qui Napoléon est-il mort?

5 mai : Vignali est présent avec les autres. Les enfants font irruption dans sa chambre. À 5 h 49, Napoléon meurt. À 10 h, l'abbé Vignali fait quelques prières.

*

Napoléon et les Français qui l'accompagnèrent n'exagéraient pas quand ils prétendaient qu'on avait exilé l'Empereur sur une île insalubre. Les Anglais avaient pourtant tout intérêt à garder la carte Napoléon en poche pour pouvoir fléchir les Bourbon, et Hudson Lowe un intérêt personnel à conserver son poste le plus longtemps possible. Mais ce dernier était un fonctionnaire de la petite espèce, un scribe d'état-major limité dans ses conceptions, terrorisé par lord Bathurst, aggravant ses instructions par son zèle intempestif et son absence d'initiative.

*

L'autopsie de 1821, qui conclut à une maladie de l'estomac, fut rédigée à la suite d'un compromis avec les médecins anglais, de manière à minimiser l'existence d'une hépatite et retarder le plus possible la publication de la vérité. Antommarchi refusa de la contresigner et, dans son livre de *Mémoires*, il rétablit la vérité[74] :

> *La rate et le foie durci étaient très volumineux et gorgés de sang ; le tissu du foie, d'un rouge brun, ne présentait du reste aucune altération notable de structure. Une bile extrêmement épaisse et grumeleuse remplissait et distendait la vésicule biliaire. Le foie qui était affecté d'**hépatite chronique** était uni intimement par sa face convexe au diaphragme ; l'adhérence se prolongeait dans toute son étendue, elle était forte, celluleuse et ancienne.*

Et cette vérité s'imposa si bien que Lowe ou ses «teinturiers»[75] l'écrivirent dans son *Mémorial* (certes partiellement contestable du point de vue de l'authenticité) : «Napoléon était attaqué d'une hépatite ou maladie de foie chronique, alors arrivée à son plus haut niveau d'intensité. Cette maladie selon Beatson et M. Jennings, qui ont particulièrement étudié la température climatique de Sainte-Hélène est endémique sous cette latitude, et très souvent, elle y est mortelle»[76].

---

74. ANTOMMARCHI François (Dr), *Mémoires*, Barrois l'aîné, 1825.
75. Teinturier : nègre, en littérature, suivant l'expression d'Alexandre Dumas ou porte-plume suivant le politiquement correct.
76. LOWE Hudson, *Mémorial relatif à la captivité de Napoléon à Sainte-Hélène*, L.Dureuil, 1830, p. 357.

13. De quoi et par la main de qui Napoléon est-il mort ?

Certes, les lésions de l'estomac sont affirmées par l'autopsie, mais en l'absence d'un examen anatomopathologique qui n'existait pas à l'époque, il est impossible d'affirmer formellement le diagnostic de cancer de l'estomac, d'autant que Napoléon était encore en surpoids. De plus, la longueur de la maladie de 1816 à 1821, soit cinq années, s'accorde mieux avec une hépatite chronique qu'avec un cancer de l'estomac, dont la durée est assez courte, de l'ordre de douze mois.

Le plus saillant de l'observation médicale d'O'Meara et Antommarchi est ceci :

1. Napoléon est mort après une longue fièvre, avec frissons et sueurs, qui a duré quarante-huit jours ;
2. il est décédé dans un tableau de subocclusion basse.

Reprenons.

1. Si cette fièvre au long cours est due à une cause infectieuse : il n'y a que trois infections possibles : une endocardite, une tuberculose ou une brucellose.

La *brucellose* peut expliquer une hépatosplénomégalie, mais est peu probable, car la contamination se fait presque toujours par consommation de lait de bétail infecté. Or il est bien connu que Napoléon détestait boire du lait.

L'*endocardite infectieuse* rendrait parfaitement compte du syndrome infectieux et de l'ictère avec hépatospléno-mégalie, de l'épanchement pleural et des œdèmes des membres inférieurs. La porte d'entrée du germe est toute trouvée : les dents qui, à la suite d'un scorbut, sont dans un état déplorable, ou encore les voies urinaires. Mais Antommarchi a bien précisé : «Les orifices du cœur ne présentent aucune lésion notable». Certes, Osler n'a pas encore décrit l'endocardite infectieuse aiguë qui porte aujourd'hui son nom et Laennec n'a pas encore jeté les bases de l'auscultation cardiaque, mais il semble impossible qu'un anatomiste de la qualité d'Antommarchi n'ait pas vu d'éventuelles végétations sur les valves cardiaques.

Reste la *tuberculose*, hypothèse d'autant plus plausible que le médecin note un « lobe supérieur (gauche) parsemé de tubercules et quelques petites excavations tuberculeuses » avec un épanchement pleural bilatéral de couleur citrin (donc inflammatoire). La tuberculose peut expliquer la grosseur du foie et de la rate ainsi que l'occlusion basse par iléus fonctionnel, car il existait une «exsudation molle, transparente et diffluente, revêtant dans toute leur étendue les deux parties ordinairement contiguës de la face interne du péritoine». Cependant, la langue était saburrale. Or elle reste propre dans la tuberculose.

Antommarchi a noté, en plus de l'ulcère perforé-bouché par le lobe gauche du foie, donc guéri, un ulcère cancéreux du haut de la petite courbure, mais aussi cette hépatite chronique que tout le monde s'attendait à trouver. Et même en l'absence d'examen anatomopathologique au

13. De quoi et par la main de qui Napoléon est-il mort?

microscope, qui permet seul de trancher de nos jours, cela correspond si bien à la description clinique avec sa douleur de l'hypocondre droit irradiant vers l'épaule droite, qu'il n'y a vraiment pas lieu d'hésiter. Napoléon était atteint d'hépatite virale chronique et d'une affection de l'estomac, cancéreuse ou tuberculeuse.

2. Deuxième point saillant : Napoléon est mort d'une subocclusion basse avec météorisme abdominal important. Or les lésions de l'estomac n'ont pas entraîné d'intolérance alimentaire totale. L'autopsie précise « l'orifice du pylore était dans un état tout à fait normal » et l'« endurcissement squirrheux annulaire » ne gênait pas le passage des aliments. Je ne sais pas pourquoi mon collègue Jacques di Constanzo parle d'une perforation de l'estomac, car il y aurait eu en effet une « communication entre la cavité de l'estomac et celle de l'abdomen si l'adhérence avec le foie ne s'y était opposée ». Or « l'adhérence de cette partie [de l'estomac] au lobe gauche du foie en bouchait l'ouverture ». De plus, si l'ulcère de l'estomac s'était perforé, il y aurait eu une contracture abdominale très nette. Enfin, une occlusion basse ne s'explique que par un obstacle situé à partir ou au-delà du deuxième jéjunum et les lésions gastriques ne peuvent en rendre compte. Cette occlusion est donc secondaire à une inflammation péritonéale diffuse et comme Antommarchi n'a pas retrouvé d'abcès, il faut invoquer une inflammation

d'organes intrapéritonéaux : le foie, l'estomac ou les deux ou une perforation intestinale. Notons bien l'atteinte du petit épiploon : « les glandes lymphatiques [...] placées le long des courbures de l'estomac [...] étaient en partie tuméfiées, squirrheuses, quelques-unes mêmes en suppuration ».

Il existe trois hypothèses annexes :

1. une leptospirose transmise par un rat. Elle donne une atteinte hépatique, une fièvre et une splénomégalie, mais la durée de la maladie est plus courte ;

2. une angiocholite aiguë, c'est-à-dire une infection dont les voies biliaires sont le point de départ. Le Dr Jacques di Constanzo a insisté sur cette hypothèse qui correspond bien à la clinique, mais le rapport d'autopsie, s'il signale bien une vésicule dilatée remplie de bile épaisse, ne note aucun calcul vésiculaire. Constanzo nous dit que c'est possible et nous le croyons volontiers, mais nous serions plus à l'aise pour l'affirmer dans le cas inverse[77] ;

3. une infection urinaire haute, car il existe une lithiase vésicale et les urines sont bourbeuses. Mais dans ce cas, la douleur de la pyélonéphrite est franchement

---

77. Di Costanzo Jacques, « À propos des maladies de Napoléon à Sainte-Hélène : les pathologies digestives », *Revue du Souvenir napoléonien*, n°433, février-mars 2001, p. 34-37.

13. De quoi et par la main de qui Napoléon est-il mort?

postérieure dans l'angle costo-lombaire. D'ailleurs, les reins étaient normaux à l'autopsie.

*

Le lecteur se souvient que j'avais bénéficié de trois échantillons de tendon de Napoléon de la part de M. Sou Mong. Le fragment C fut alors utilisé. En quoi ce petit échantillon, apparemment richement vascularisé, allait-il pouvoir me servir pour découvrir la vérité ?

Il y a quelques années, j'avais mis au point, pour les laboratoires Claude Lévy à Paris, un test PCR permettant d'identifier l'ADN du virus de l'hépatite B[78]. L'échantillon montrait en microscopie la présence de vaisseaux, et donc de sang (figure 20). Je confiai l'échantillon au technicien de laboratoire :

« Voilà un échantillon qui ne pèse presque rien, lui dis-je, mais dont la signification est lourde pour l'Histoire ».

J'ai bien le droit de prononcer des paroles historiques, moi aussi.

---

78. Lucotte Gérard, Galzot Pierre, Y Lu Chen, Bathelier Christian, C Thierry, "Detection of serum hepatititis B virus assay a nested polymerase chain reaction assay", *Molecular and Cellular Probes*, décembre 8 (6), 1994, p. 437-440.

La technique de la PCR fut utilisée une fois de plus avec les précautions d'usage. Le résultat tomba : Napoléon était positif pour le virus de l'hépatite B.

*

Je ne crois pas à l'hypothèse du cancer en raison du surpoids de l'Empereur. J'admets la possibilité d'une angiocholite aiguë. Peut-être d'une perforation intestinale, bien qu'Antommarchi n'en parle pas. Et la tuberculose pulmonaire avait aussi probablement été réactivée. Mais il n'en est pas moins vrai que Napoléon était atteint d'une hépatite virale chronique, conformément à l'opinion convergente des cliniciens qui l'ont approché, Barry O'Meara, John Stokoe, Francesco Antommarchi : douleur typique maintes fois décrite, aspect à l'autopsie, révélée une fois disparues les tentatives d'intimidation du gouverneur, présence du virus de l'hépatite B.

Jusqu'à la fin, les Anglais, en la personne d'Hudson Lowe, ont cherché – jusqu'à le priver de médecin et de soins pendant des mois –, tant à masquer la réalité de l'atteinte du foie, qu'à minimiser la présence, à l'état endémique, de la dysenterie et de l'hépatite chronique dans l'île de Sainte-Hélène.

13. De quoi et par la main de qui Napoléon est-il mort ?

Et ce, tout en logeant leur prisonnier dans la partie la plus insalubre de l'île, exposée aux vents alizés et dépourvue d'eau potable.

Enfin, si l'anecdote rapportée par le Pr René Leriche est exacte[79] (et nous n'avons pas de raison d'en douter, bien que les preuves aient disparu pendant le *Blitz*) leur responsabilité directe est engagée.

*

Le jeune Bonaparte l'avait écrit mélancoliquement sur le mur de sa chambre à l'École militaire : « Tout finit toujours six pieds sous terre ».

Les antiviraux datent pour l'essentiel des années 1980. Les premiers antituberculeux apparurent après la Deuxième Guerre mondiale. Le cancer de l'estomac n'était pas curable à l'époque (il l'est difficilement de nos jours).

Hépatite, cancer de l'estomac ou tuberculose, Napoléon était condamné à court terme. Mais était-ce une raison pour l'empêcher de se soigner ? Pour le laisser sans médecin durant neuf mois en 1819 ?

*

---

79. Vox Maximilien, *Napoléon*, Le temps qui court, 1959.

«Je meurs prématurément, assassiné par l'oligarchie anglaise et son sicaire», écrivit l'Empereur dans son testament.

C'est l'exacte vérité.

14. Annexes et documents

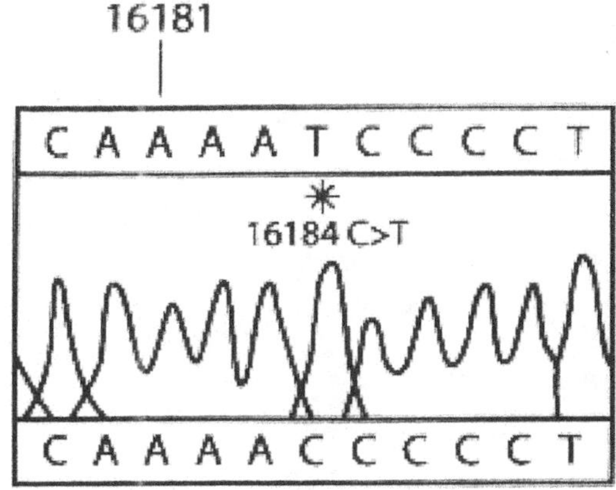

Figure 1 : la mutation 16184C->T, telle qu'elle a été découverte par séquençage ADN d'une portion de la séquence hypervariable 1 de l'ADNmt de Napoléon. Dans cette portion, l'alignement des bases de l'ADN est balisé par la position 16181, l'alignement du bas représentant la séquence normale des bases et celui du haut celle de la mutation. Les pics de la séquence de C à T sont visibles, ainsi que celui de la base T dans la séquence mutante.

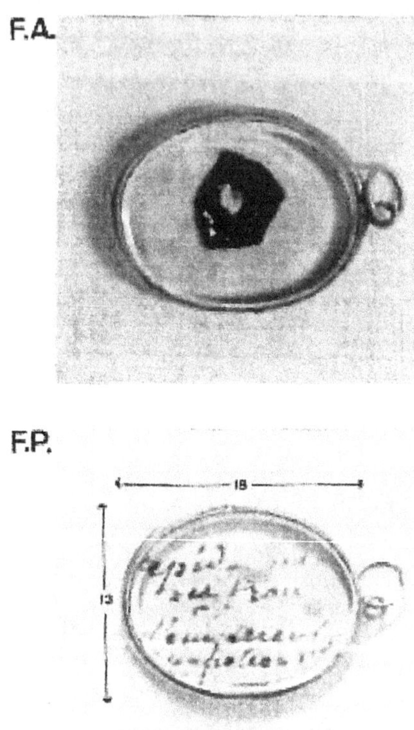

Figure 2 : photographies des faces antérieure (F.A.) et postérieure (F.P.) du médaillon du Dr Guillard. Les écritures sont visibles sur la face postérieure (dimensions : 18 et 13 mm). L'épiderme, blanchâtre, est visible sur la face antérieure ; il a été déposé, pour rehausser le contraste, sur une petite pièce noire.

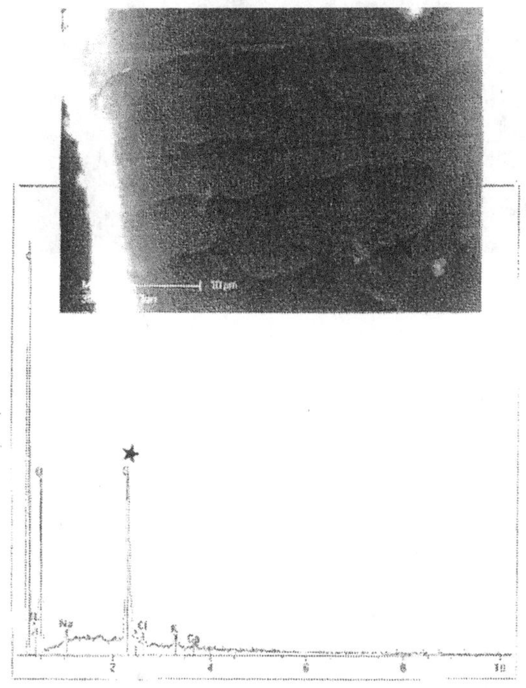

Figure 3 : photographies au microscope électronique à balayage d'une portion de cheveu de Napoléon (grossi × 30 000) *ci-dessus*, et de sa mère (grossi × 1 000) *page suivante* ; les écailles, disposées en rangées transversales, sont bien visibles. Sous chaque photographie sont disposés les spectres EDX résultant de l'analyse en microfluorescence aux rayons X, pris dans la partie médiane des cheveux (cercle). Chaque spectre est représenté sous la forme d'une répartition des valeurs, où les pics correspondent à l'intensité du signal et à la caractérisation (en kilobases) sur l'axe horizontal de chaque élément.

14. Annexes et documents

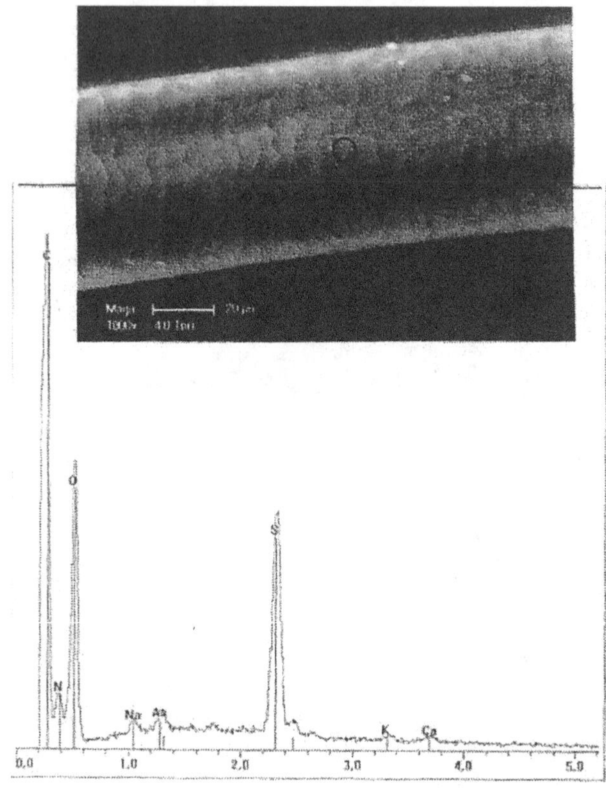

Figure 3 (suite) : Les deux spectres montrent les pics du carbone (C), de l'azote (N) et de l'oxygène (O), qui correspondent à la matière organique des cheveux ; du soufre (S), qui correspond aux ponts disulfures de la kératine du cheveu ; et à de petits pics qui correspondent aux traces de sodium (Na), de chlore (Cl), de potassium (K) et de calcium (Ca). Seul le spectre du cheveu de la mère de Napoléon contient de l'arsenic (As).

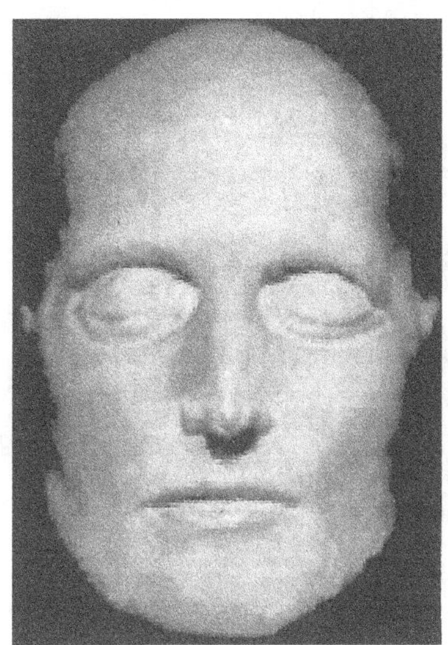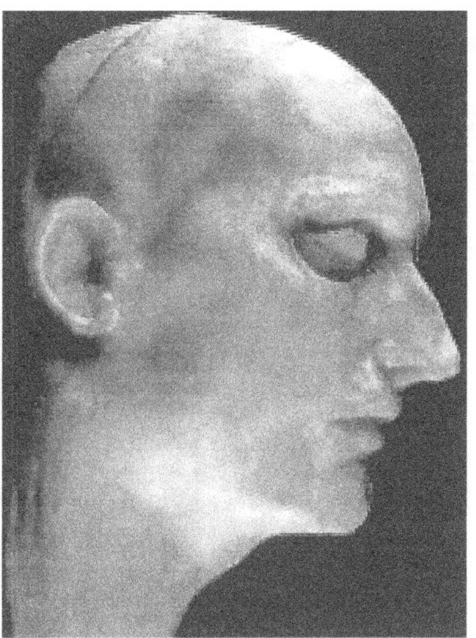

Figure 4 : photographies (de face et profil droit) du masque Noverraz 2.

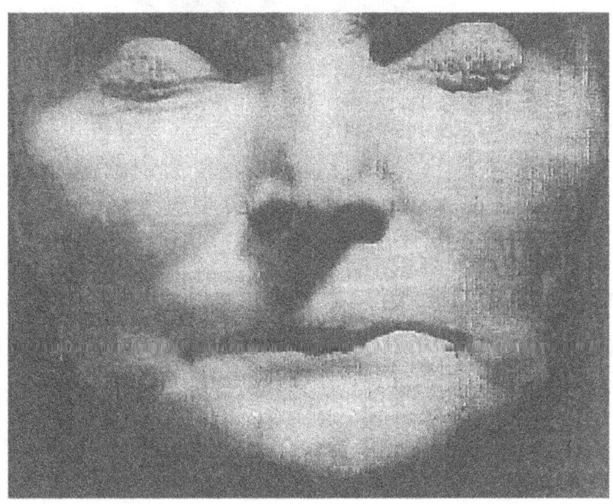

Figure 5 : photographie (de face) du masque RUSI.

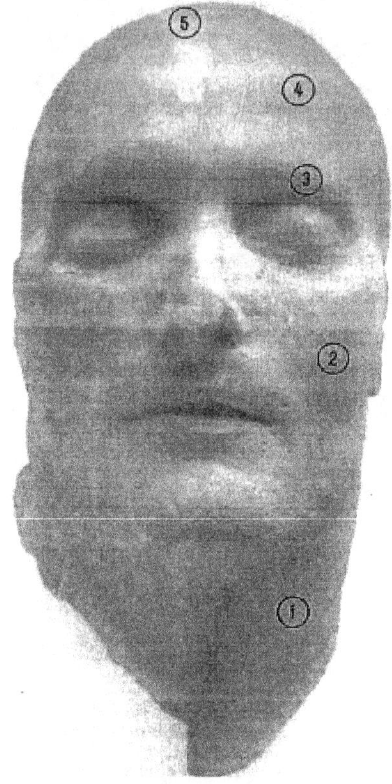

Figure 6 : photographie du masque Azémar. Les cercles numérotés de 1 à 4 correspondent aux zones du masque où les prélèvements de plâtre ont été effectués.

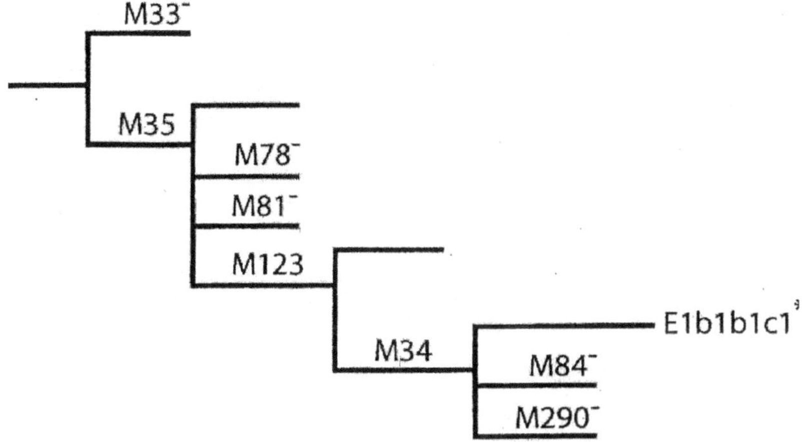

Figure 7 : cette figure montre la hiérarchie de l'utilisation successive de ces marqueurs déjà décrits dans la littérature scientifique ; l'haplotype résultant est bien E1b1b1c1, le marqueur SNP terminal de la différentiation étant M13.

Ordre successif d'emploi des marqueurs utilisés lors de la détermination de l'haplotype de Napoléon. Le premier marqueur présent est M125 (il est vérifié que M174 est négatif) ; le second est M35 (il est vérifié que M33 est négatif) ; puis il est montré que M123 est présent (M81 et M78 sont négatifs). Le marqueur terminal de la différenciation est M34 (M84 et M290 sont négatifs) ; l'haplotype résultant est : E1b1b1c1.

Locus	Y-STRs	Napoléon I	Charles Napoléon
1	DYS393		14
2	DYS390		24
3	DYS19*	13	13
4	DYS391		10
5	DYS385a		16
6	DYS385b		16
7	DYS426		11
8	DYS388		12
9	DYS439		12
10	DYS389-1		14
11	DYS392		11
12	DYS389-2		31
13	DYS458		19
14	DYS459a		9
15	DYS 459b		9
16	DYS455		11
17	DYS454		7
18	DYS447		21
19	DYS437		14
20	DYS448		20
21	DYS449		28
22	DYS464a**		14
23	DYS464b**		15
24	DYS464c**		16
25	DYS464d**		17
26	DYS460		10
27	DYSGATAH4		11
28	DYSYCAIIa	19	19

29	DYSYCAIIb	22	22
30	DYS456		15
31	DYS607		12
32	DYS576		18
33	DYS570		19
34	DYSCDYa		35
35	DYSCDYb		36
36	DYS442		12
37	DYS438		10

Figure 8 : le tableau, ci-dessus, donne le profil Y-STR de Charles Napoléon basé sur 37 marqueurs Y-STR (locus 1 à 37) ; les valeurs alléliques pour chaque marqueur sont données par des chiffres. Les valeurs alléliques de Napoléon sont les mêmes pour trois de ces marqueurs (une étoile indique une valeur discriminante pour l'haplotype E1b1b, et deux étoiles une valeur hautement discriminante pour cet haplotype.

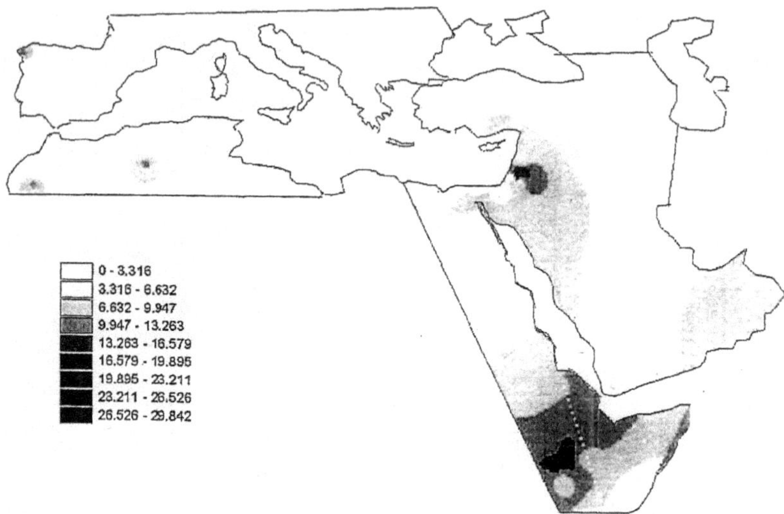

Figure 9 : valeurs (traitées numériquement) des pourcentages d'hommes porteurs du marqueur M13 dans les populations du Moyen-Orient, de l'Afrique du Nord et du Nord-Ouest de l'Espagne. Les deux graduations de gris indiquent les pourcentages de plus en plus importants rencontrés.

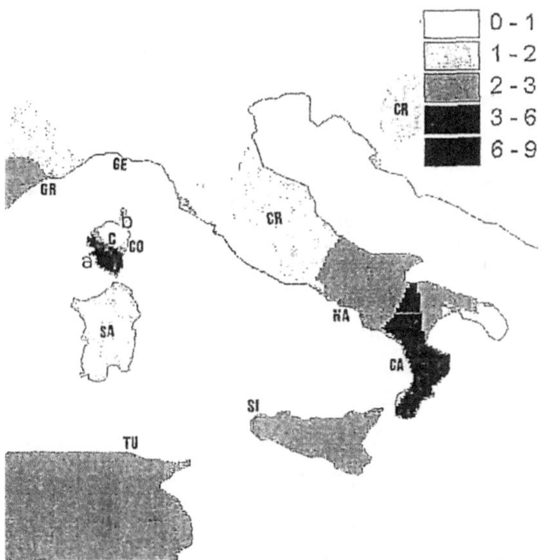

Figure 10 : valeurs numériques des pourcentages d'hommes porteurs du marqueur M13 dans les populations de l'Italie continentale, de la Sicile, de la Tunisie, de la Sardaigne, de la Corse et d'une partie du Sud-Est français. Cinq graduations de gris sont représentées.

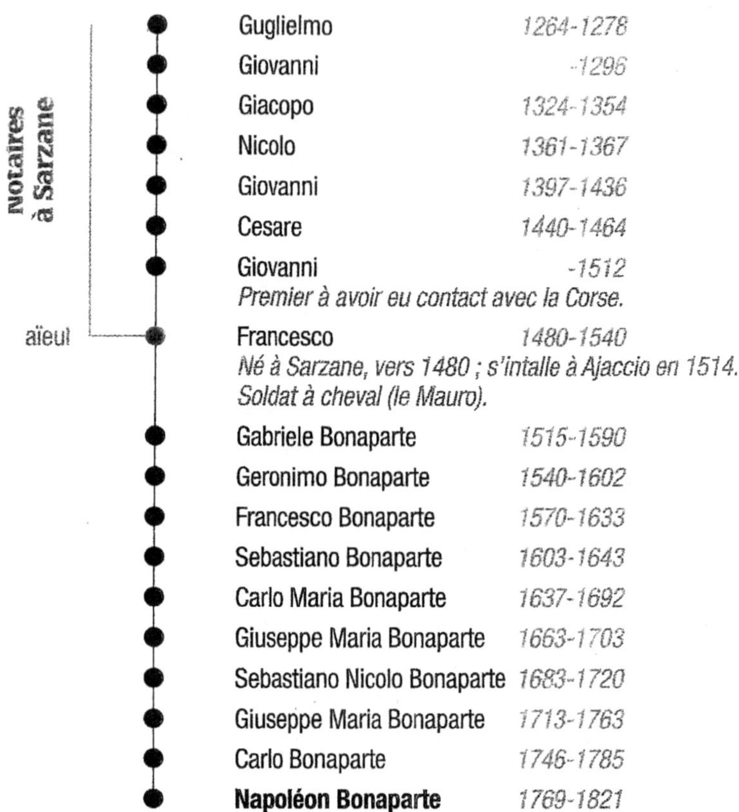

Figure 11 : ascendance paternelle de Napoléon Bonaparte sur 17 générations. Les dates de naissance et celles du décès sont indiquées quand elles sont connues.

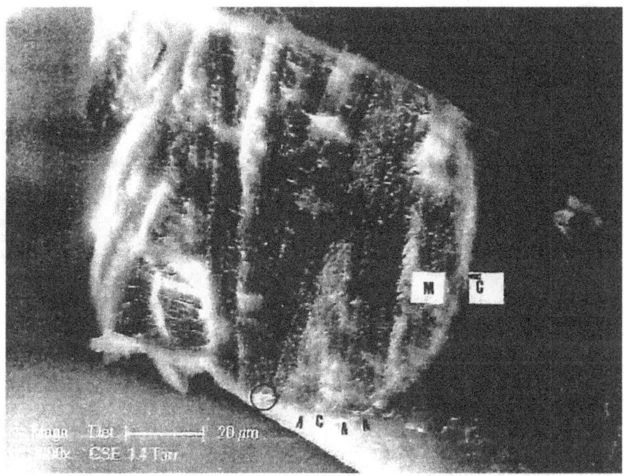

Figure 12 : j'ai vérifié cette rousseur au microscope électronique, des mélanosomes, corpuscules contenant des grains de mélanine, sont présents dans ses cheveux sous deux formes :

- le type 1 en forme de grain de riz contient de l'eumélanine de couleur noire ;

- le type 2 de la phéomélanine, entre le jaune et le brun.

Mais ces derniers sont plus nombreux dans les couches superficielles du cheveu, d'où en définitive une coloration rousse. Notons encore une fois la finesse de ces cheveux, dont l'épaisseur moyenne est seulement de 50 à 60µ.

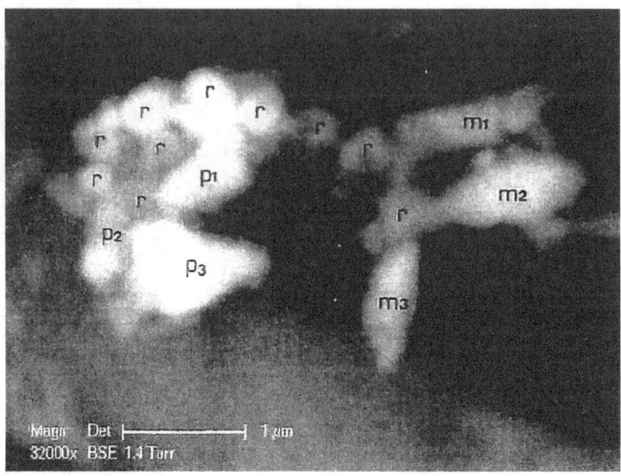

Figure 12 (suite) :

Photographies en microscopie électronique à balayage des mélanosomes situés à la surface d'une tranche de cheveu de Napoléon :
- *page précédente* (× 1 000) : la tranche de cheveu (C cortex ; M matrice) ; les flèches indiquent les régions du cortex qui ont été coupées ; le petit cercle est agrandi dans la photographie du bas.
- *ci-dessus* (× 32 000) : la région agrandie du cercle montrant les mélanosomes. Les corpuscules m1, m2, m3 sont des eumélanosomes ; p1, p2, p3 sont des phéomélanosomes.

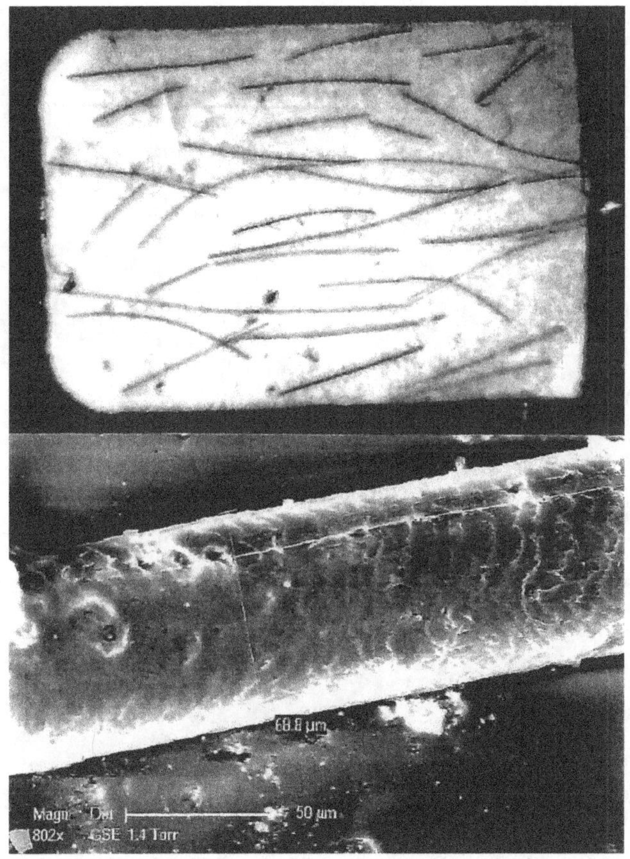

Figure 13 : les deux caractéristiques des cheveux de Napoléon sont illustrées par ces photographies. *En haut* (en microscopie optique × 20) : la rousseur, sur quelques dizaines de fragments de cheveux (visible uniquement sur les clichés originaux). *En bas* (en microscopie électronique à balayage × 802) : la finesse. Le cheveu montré mesure 68,8 µ de diamètre.

Figure 14 : tableau de Bonaparte peint en 1803 par François Gérard. En bas à gauche : 1. pâleur du visage, 2. yeux bleu clair, 3. cheveux à reflets roux (visible uniquement sur les clichés originaux).

- Peau blanche déterminée par l'homozygotie FF du gène MATP.
- Yeux clairs déterminés par l'homozygotie CC d'un variant du gène HERC2.
- Rousseur déterminée par séquençage du gène MC1-R où a été retrouvée à l'état hétérozygote la mutation D294H, principale mutation causant la rousseur des cheveux dans certaines populations.

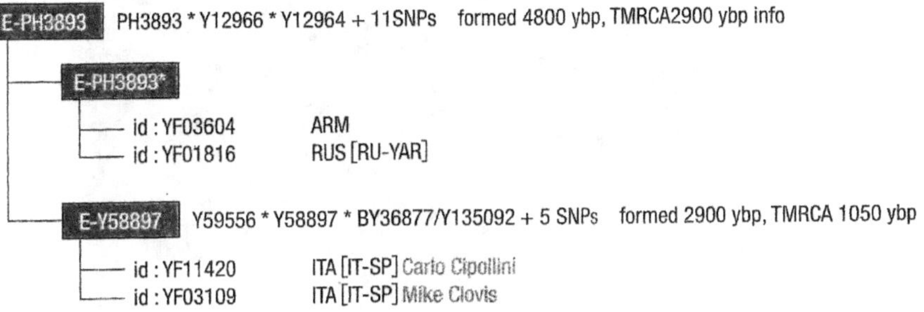

Figure 15 : organigramme résumant les ressemblances et les différences entre MM. Clovis et C.Cipollini.

Figure 16 : photographie du « pénis ». *En haut*, boîte (B) ornée d'un N doré surmonté d'une couronne. *En bas*, les deux compartiments à l'intérieur de la boîte : celui de droite contient la pièce anatomique (P), celui de gauche, deux enveloppes contenant les cheveux.

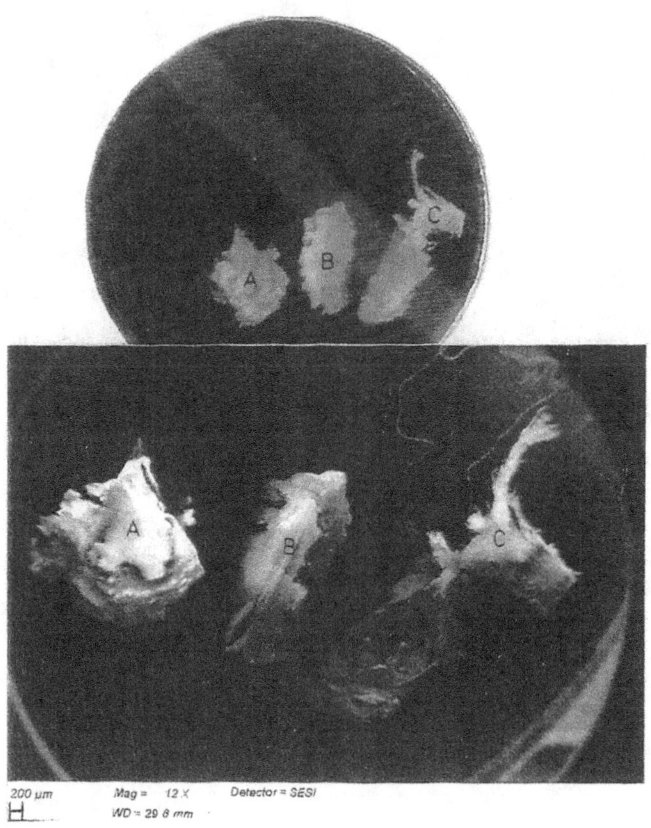

Figure 17 : photographies des trois fragments A, B et C. *En haut,* en microscopie optique. *En bas,* en microscopie électronique, à faible grossissement (× 12).

Figure 18 : photographie au microscope électronique à balayage (× 128) d'une portion de la partie 2 du fragment C, montrant les stries longitudinales (le point noir indique la surface de l'échantillon où l'analyse EDX a été réalisée).

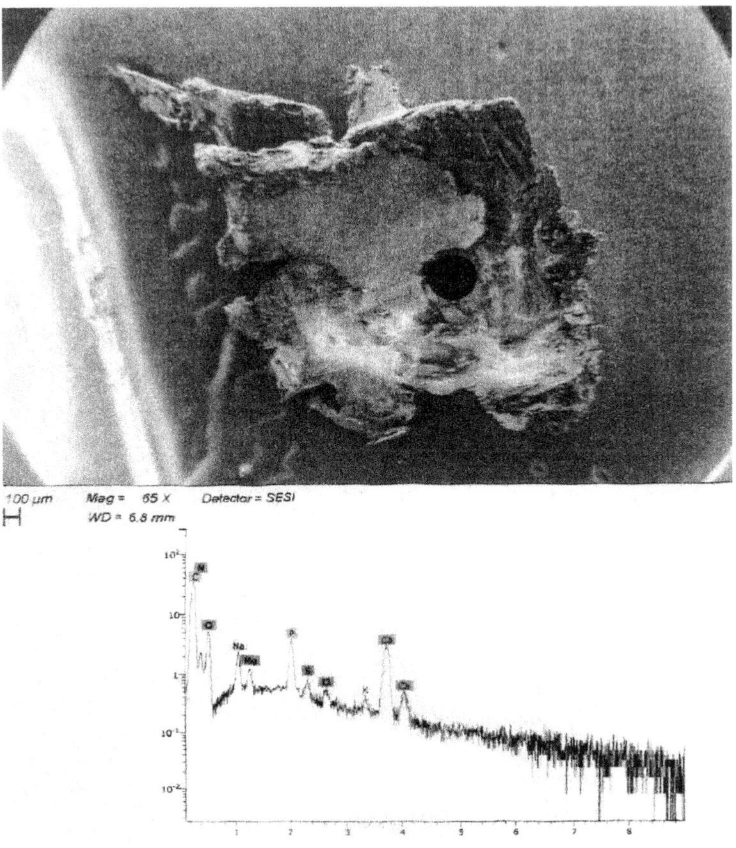

Figure 19 : photographie et analyse EDX du fragment A. *En haut,* photographie (× 65) au microscope électronique à balayage du fragment A : le point noir indique la surface de cet échantillon où l'analyse EDX a été réalisée. *En bas,* le spectre EDX (en coordonnées semi-logarithmiques, de façon à mieux distinguer les petits pics d'éléments). Les pics d'éléments sont les suivants : C : Carbone ; N : Azote ; O : Oxygène, Na : Sodium ; Mg : Magnésium ; P : Phosphore, S : Soufre : Cl : Chlore ; K : Potassium ; Ca (deux pics) : Calcium.

Figure 20 : photographie et analyse EDX du fragment C. *En haut,* photographie (× 72) au microscope électronique à balayage d'une portion de la partie 1 du fragment C, montrant trois vaisseaux sanguins orientés selon l'axe longitudinal de la pièce, le point noir indique la surface de cet échantillon où l'analyse EDX a été réalisée. *En bas,* le spectre EDX, montrant les pics d'éléments. Parmi eux ceux du phosphore (P) et du calcium (Ca), qui correspondent au phosphate de calcium de l'échantillon ; le petit pic de fer (Fe) correspond probablement à l'hémoglobine des globules rouges du sang.

15. Bibliographie scientifique commentée

De façon que le lecteur épris de sciences exactes s'y retrouve, je donne ici la liste des références bibliographiques correspondant aux divers marqueurs ADN employés lors des différentes études décrites dans ce livre ainsi qu'à leur utilisation.

A. ADN mitochondrial (ADMmt)

La mutation 16184T de l'ADNmt caractéristique de Napoléon, de sa mère et de sa sœur Caroline a été publiée sous la référence :

Lucotte Gérard, "A rare variant of the mtDNA HSV1 sequence in the hairs of Napoleon family", *Investigative Genetics,* vol. 1, 2010, p. 1-5.

Cette mutation, à cause de l'abondance de l'ADNmt dans les cellules, est donc la plus facilement détectable. Elle a été utilisée pour authentifier les restes de Napoléon dans différents cas. Tout d'abord (étude non publiée), dans celui d'une mèche de cheveux acquise par un collectionneur particulier, accompagnée d'une attestation d'Antommarchi.

Cette mutation a été trouvée aussi dans un poil de sourcil du masque mortuaire Azéma-Antommarchi :

Lucotte Gérard, Thomasset Thierry, Pougetoux Alain, "The Napoleon mutation 16184T is that found in the HSV1 sequence of the mtDNA extracted from an eyebrow included in the plaster of the Antommarchi death mask of Napoléon", *International Journal of Sciences*, vol. 4, janvier 2018, p. 104-133.

À propos des poils de barbe du masque Noverraz (étude non publiée) et dans ceux du duvet entre les sourcils du masque RUSI, se référer à :

Lucotte Gérard, Jullien, Frans, Thomasset Thierry, "The RUSI mask is an authentic replicate of the original death mask of Napoleon", *International Journal of Sciences,* vol. 12(7), janvier 2023, p. 55-68.

Cette mutation a aussi été trouvée :

- dans les cheveux d'un chapeau de Napoléon (étude non publiée), ce qui a permis son authentification ;

- dans «l'épiderme» de l'échantillon de Napoléon, prélevé par le Dr Guillard lors du retour des cendres :

Lucotte Gérard, Thomasset Thierry, Borensztajn Stephen, "The medallion of Dr Rémy Guillard (1799-1869) Contains Well Epidermis of Napoleon the First", *International Journal of Sciences*, vol.10(11), november 2021, p. 1-6.

- ainsi que dans le « pénis » de Napoléon :

Lucotte Gérard, Borensztajn, Stephan, "SEM-EDX and mtDNA analyses of the penis of Napoleon", *International Journal of Sciences*, vol. 11(5), mai 2022, p. 15-21.

B. Haplotypes et haplogroupes du chromosome Y

Ce sont les premiers marqueurs SNPs de Napoléon et ceux du profil Y-STRs de Charles Napoléon qui ont été tout d'abord publiés :

Lucotte Gérard, Thomasset Thierry, Hrechdakian Peter, "Haplogroupe of Y chromosome of Napoleon the First", *Journal of Molecular Biology Research,* vol. 1, n° 1, décembre 2011, p. 12-19.

Le profil Y-STRs complet d'Alexandre Walewski a ensuite été publié dans :

Lucotte Gérard, Macé Jacques, Hrechdakian Peter, "Reconstruction of the Lineage Y Chromosome Haplotype of Napoleon the First", *International Journal of Sciences,* septembre 2013, vol. 2(9), p. 127-139.

Puis, finalement, la comparaison des profils S-STRs de Charles Napoléon, d'Alexandre Walewski et de Mike

Clovis, ainsi qu'une reconstitution de celui de Napoléon se trouvent ici :

Lucotte Gérard, Hrechdakian Peter, "New Advances Reconstructing the Y Chromosome Haplotype of Napoleon the First based on three of his living descendants", *Journal of Molecular Biology Research*, vol. 5(1), 2015, p. 1-10.

Une étude sur la distribution géographique du SNP nommé M34, le marqueur SNP terminal de la différentiation de l'haplotype Y de Napoléon a été publiée ici :

Lucotte Gérard, Diéterlen Florent, "Frequencies of M34, the Ultimate Genetic Marker of the terminal differenciation of Napoleon the First's Y-Chromosome Haplogroupe E1b1b1c1, in Europe, Nothern Africa and the Near East", *International Journal of Anthropology*, 2014, vol. 29, n° 1,2,p. 27-41.

L'étude la plus aboutie sur les marqueurs AND du chromosome Y de Napoléon (en fait déduit de Mike Clovis) a finalement été publiée sous le titre :

Lucotte Gérard, Hrechdakian Peter, Savard, Denis, "Towards a full-length Y-chromosome DNA sequence of Napoleon the First: beyond the E-M34 SNP sub-haplogroup", *Austin Journal of Genetics and Genomic Research*, vol. 2(2), 2015, p. 1-4.

C'est elle qui a permis la caractérisation ultérieure de l'un des trois sujets italiens de la région de Sarzane (dont la famille est apparentée à celle de Napoléon) par M. Grassi.

C. Marqueurs autosomiques

Les marqueurs autosomiques sont ceux dont l'ADN n'est pas situé sur les chromosomes sexuels (Y et X). Nous avons publié sur de tels marqueurs :

Lucotte Gérard, Bouin Wilkinson Alexandra, "An autosomal STR profile of Napoleon the First", *Open Journal of Genetics,* vol. 4, 2014, p. 292-299.

L'ensemble des 14 marqueurs génétiques ainsi décrits, dont les gènes sont situés sur divers chromosomes, constituent un profil STR qui pourra être utilisé dans l'avenir lors de la recherche des apparentés et des descendants putatifs de Napoléon.

D'autres variants de gènes autosomiques ont été utilisés lors de l'étude sur le visage de Napoléon :

Lucotte Gérard, Macé Jacques, Thomasset Thierry, "Napoleon the First, a Corsican with pale skin, clear eyes and red hair: DNA evidence for these phenotypic traits", *International Journal of Sciences,* vol. 10(7), juillet 2021, p. 1-5.

Il s'agit du variant F du gène MATP, du variant C du gène HERC2 et de la mutation D 294H du gène MC1-R (dont la séquence entière a été déterminée).

www.ingramcontent.com/pod-product-compliance
Lightning Source LLC
LaVergne TN
LVHW051156060726
842526LV00014B/3220